AF325819

NOTRE CAUSE COMMUNE
Instituer nous-mêmes la puissance politique qui nous manque

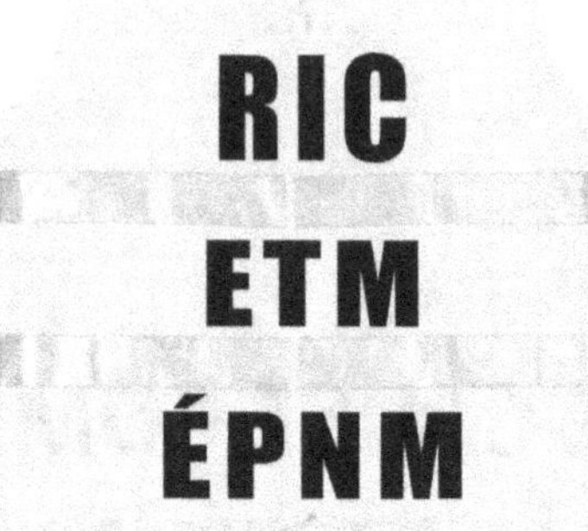

RIC : Référendum d'Initiative Citoyenne

ETM : En Toutes Matières

ÉPNM : Écrit Par Nous-Mêmes

Étienne Chouard

NOTRE CAUSE COMMUNE
Instituer nous-mêmes la puissance politique qui nous manque

Max Milo

Remerciements

Pas facile, pour un neurone, de remercier tous les neurones d'un grand cerveau collectif en train de grandir à toute vitesse et en train de prendre conscience de sa puissance. Il faudrait calmer cette presse quotidienne qui est la mienne, pour prendre le temps, s'arrêter, et remercier, un à un, chaque être humain qui depuis quatorze ans m'a lu ou entendu et compris, puis aidé à semer un peu partout nos graines d'idées de liberté. Souvent cet allié, sans qu'on se soit jamais parlé, spontanément, m'a aussi beaucoup aidé en prenant ma défense dans mille forums et fils de discussion où mon travail était attaqué, déformé, calomnié. Je vous remercie tous du mieux que je peux, ceux qu'on appelle « les gentils virus démocratiques » mais qu'on devrait plutôt appeler « citoyens constituants – globules blancs », défenses immunitaires du corps social, ainsi que tous ceux qui ne se reconnaissent pas sous ce drapeau mais qui font pourtant bien le boulot. On progresse ensemble, on grandit ensemble, on devient des adultes politiques ensemble. Sans vous, je ne serais rien, c'est simplement évident.

Je tiens à remercier mon éditeur aussi, attachant et encourageant, qui m'a beaucoup aidé à accoucher de cet enfant de papier dans l'urgence de l'actualité. J'ai encore une pensée pour d'autres éditeurs, qui me font confiance eux aussi, certains depuis longtemps, et qui attendent patiemment que vienne le temps de mettre au jour avec moi leur propre enfant constituant.

Je garde le plus important pour la fin. Merci à mes enfants adorés qui m'ont toujours beaucoup aidé. Et puis bien sûr, je remercie mon épouse, trésor de patience, d'intelligence et de dévouement, femme chérie sans qui je n'aurais jamais rien réussi.

Préface

À vrai dire, Je connaissais déjà le personnage, mais de loin.

J'avais pris le temps de visionner sur lui quelques vidéos en diagonale, et ce, dans le cadre du livre que je venais de finir, *Délits d'élus*, et surtout de celui que je commençais à préparer, *Pilleurs d'État*. Étienne, Je l'avais aussi parcouru rapidement dans ses thèses constituantes et son discours athénien.

À l'époque, j'avais trouvé le personnage sympathique mais quelque peu lunaire, légèrement décalé. Je le voyais comme un professeur Nimbus sympathique avec une pointe de folie, véhiculant avec force et conviction des thèses légèrement farfelues, doublées d'une inconscience désarmante de naïveté dont je ne savais si elle était spontanée ou calculée. Néanmoins, instinctivement, le monsieur, l'homme, le personnage me plaisait car j'avais plus ou moins compris que nous cherchions de concert des solutions au mal-être grandissant des populations, que nous sentions venir l'un et l'autre.

Étienne, lui, selon mon analyse personnelle était plutôt dans l'explication d'un futur de l'éthique par l'éveil de la conscience collective et partagée pendant que j'œuvrais petitement à ma manière dans la découverte factuelle, indubitable, de l'endormissement et l'asservissement des populations par une minorité dirigeante et sans scrupules. Je ne comprenais pas encore tout à fait comment tous ces élus « corrompus », ces « nantis » corrupteurs que j'avais référencés (preuves a l'appui) avaient pu gangrener à ce point et en si peu de temps la société dans laquelle nous vivions. Sans être encore sur le même chemin, nous marchions sur des routes parallèles. Tous les deux, nous trouvions que le grand livre de la démocratie et des libertés était plus que bien écorné par ceux-là même qui auraient dû en être les garants. Nous nous rendions compte chacun dans notre domaine respectif que le livre commun de nos vies à tous était écrit, rédigé, conçu, tronqué, malmené, réécrit constamment par quelques-uns, et ce, uniquement (et de plus en plus) pour asservir et non pour servir. Nous étions jetés dans un monde et nous devions subir la langue du profit tout en nous faisant croire que nous ne lisions qu'une écriture de partage. Une véritable escroquerie à la vie drapée dans un linceul pseudo-démocratique.

J'en étais là ! Nous avancions à petits pas incertains et malhabiles.

Puis un soir de septembre 2014 je découvre véritablement Étienne Chouard – quelques minutes de vrai bonheur ! Un véritable orgasme intellectuel, jouissif au plus haut degré du septième ciel platonique et virtuel par la simplicité de compréhension dialectique qu'il va employer.

Il est dans le cadre du poste cathodique. Ce soir-là il est invité dans cette émission de polémistes, *Ce soir ou jamais*, car depuis quelques années déjà, celui-ci défraye la chronique et commence à effrayer en faisant du bruit dérangeant dans le landerneau du politiquement correct. Il en profite d'ailleurs malicieusement pour labourer allègrement le terreau des certitudes intellectuelles des « bien-pensants » avec ses théories controversées sur « les dix raisons graves de s'opposer à un texte dangereux » : le traité constitutionnel. Un crime que certains commencent à trouver impardonnable tant cela pourrait remettre en cause, disent-ils, la base immuable (disent-ils aussi) de nos institutions.

J'y vois un bonhomme en chemise blanche, assis timidement au bout du canapé, les jambes sagement croisées, un petit calepin posé sur ses genoux, les mains à plat ou prenant fébrilement des notes sur les platitudes superfétatoires de quelques intervenants comme Attali qui s'autobrosse une fois de plus en nous donnant des leçons de vie et de démocratie qu'il s'est toujours empressé de ne pas appliquer à lui-même. Puis, le présentateur Frédéric Taddeï donne la parole à cet invité du bout du canapé, professeur de droit et d'économie en BTS au lycée Marcel-Pagnol de Marseille.

La caméra commence par un plan serré, un succédané de plan américain avec le visage rayonnant d'Étienne Chouard qui d'une voix suave et pénétrante égrène seulement quelques mots. De simples paroles tellement vraies sur notre système économique et politique que d'un seul coup d'un seul il remplit l'écran par sa présence et son charisme. On sent, on voit que quelque chose est en train de se passer sur le plateau. L'apparence rassurante d'un curé de campagne rayonnant, à la voix posée, une de ces voix qui vous pénètre l'âme, qui respire la bonté, le partage et le savoir en même temps. Il devait bien y avoir une dizaine d'invités sur ce plateau et instantanément un silence quasi religieux s'installe. La caméra recule un peu pour un plan plus large et on s'aperçoit que toutes les têtes sont braquées, immobiles, attentives et silencieuses en même temps, tournées vers cet homme qui parle doucement. La femme qui se trouve à ses côtés (Coralie Delaume, blogueuse de son état) amorce un geste de recul, comme pour laisser plus de place à l'emprise naissante des paroles d'Étienne. En une fraction de seconde, il remplit l'espace de sa présence charismatique et de ses mots pénétrants. Des mots simples et vrais qui mettent définitivement à mal le mécanisme de soumission « démocratique » que nous imposent nos institutions. Un vrai régal pour mes yeux et mes oreilles.

Ce jour-là, ce moment-là, à cet instant précis, je me suis dit qu'on pouvait gagner, qu'on allait gagner. Choisir plutôt que subir, vivre et non survivre !

Depuis, nous nous sommes vus, revus, nous nous sommes compris, respectés, écoutés, et depuis nous marchons ensemble. Nous ne marchons pas forcément du même pas et à la même cadence. Nous n'avons pas forcément les mêmes chaussures, la même pointure. Mais nous sommes sur le même chemin de combat, la même route d'espoir, la voie royale et inéluctable qui nous mènera vers plus de démocratie et de vivre-ensemble pour tous et non aux profits de quelques-uns.

J'aime cet homme (comment peut-on ne pas l'aimer ?), j'aime ce qu'il écrit, j'aime ce qu'il dit. J'aime ce qu'il vit et comment il le vit. Mais, et c'est important, je ne l'aime pas de l'amour aveugle d'un bigot en mal de référence à sa vie sans saveur. Je ne suis pas non plus devant un gourou, un maître qu'on idolâtre quoi qu'il fasse ou quoi qu'il dise. Étienne Chouard pour moi, c'est une lumière parmi d'autres qui brille dans la noirceur de la vie, un espoir palpable dans l'âpreté rugueuse du quotidien, un partage dans l'océan de l'individualisme imposé, un apprentissage du vivre-ensemble dans le respect de chacun, un semeur de jolies graines, celles de la liberté et du choix de ne pas subir et que nous devons nous-mêmes semer et arroser une fois prise dans les mains.

J'aime simplement sa sincérité, la puissance de ses mots qui me parlent, l'immense tolérance qu'il dégage et qu'il prodigue, naïvement souvent, même envers ceux qui le martyrisent le plus souvent (quasiment tout le temps…) sans même le connaître.

C'est une chance pour moi d'avoir rencontré cet homme.

C'est un honneur pour moi de pouvoir mettre quelques lignes en préface de son livre.

Cela va être un bonheur pour nous tous de le lire.

Philippe Pascot

1.
Notre cause commune : instituer nous-mêmes la puissance politique qui nous manque

Je viens vous parler de démocratie, de la vraie, celle qui n'existe pas et dont on a bien besoin aujourd'hui.

En 2005, à l'occasion d'un débat public en France, j'ai écrit un papier de dix pages sur ce qui me révoltait dans une prétendue « constitution » qui était proposée au référendum, et j'ai envoyé ce document à mes proches et je l'ai publié sur mon site perso. Et là, tout a basculé pour moi… Cet argumentaire serré pour le non répondait à une attente, à un manque, et les gens normaux l'ont envoyé à tous leurs contacts, partout en France et même dans le monde car ils l'ont traduit en cinq ou six langues… et grâce à Internet c'est devenu un événement : en rentrant du lycée, tous les jours, après mes cours, j'ouvrais ma boîte aux lettres et là, une pluie de mails commençait, toutes les minutes des dizaines de mails, toute la soirée, toute la nuit… Et pendant des mois, j'ai essayé de répondre à tous ces gens, soit des gens qui comptaient sur moi, soit des gens qui disaient du mal de moi. J'essayais d'être « à la hauteur ».

Tous les journaux, les radios, les télés sont passés à la maison pour comprendre ce phénomène, le compteur de mon site tournait comme un ventilateur, jusqu'à 40 000 visites par jour (sacrée revue à comité de lecture, je peux vous dire…), 12 000 mails en deux mois ! Des mails intenses, chaleureux, exigeants aussi… Et toute cette émotion a tendu un ressort en moi (et ça continue à le tendre aujourd'hui).

C'est le regard des autres qui m'a changé, en profondeur : les regards reconnaissants et les regards suspicieux. Mon travail est nourri de cette importance que je donne au regard des autres, et j'ai découvert récemment que les hommes savent depuis long-temps que c'est important pour l'intérêt général : ça s'appelle *la vergogne* et ça pousse à la vertu, ça donne du courage. Pour les Athéniens, c'était un fondement de la vie de la cité :

Platon : « Qu'on mette à mort, comme un fléau de la cité, l'homme qui se montre incapable de prendre part à la Vergogne et à la Justice » (commandement de Zeus dans *Protagoras*, 322b-323a). Et je pense que c'est un concept encore essentiel aujourd'hui : sans aller jusqu'à les tuer, évidemment, *on devrait au moins éviter à tout prix de donner le moindre pouvoir à ceux d'entre nous qui n'ont pas de vergogne.*

Donc après le référendum, j'ai continué, et j'ai bossé comme un fou depuis 2005, et voilà en deux mots pourquoi je me donne du mal :
- je cherche à comprendre la cause principale des injustices sociales,
- je découvre les idées géniales qui fondaient la démocratie athénienne (et bien d'autres démocraties dans l'histoire des hommes, des sociétés « primitives » aux sociétés de pirates, en passant par les villages médiévaux),
- je remets des tas de mots importants à l'endroit,
- et je réfléchis à de bonnes institutions qui nous protégeraient durablement, tous, contre les abus de pouvoir.

Je partage ça avec tous ceux qui veulent bien et on progresse ensemble, en controverses permanentes. Je suis parfois calomnié ou récupéré, évidemment, mais ce n'est pas si grave. De toute façon, j'ai absolument besoin de mes adversaires pour progresser. Donc, je fais de mon mieux, j'avance, je cherche.

Ma méthode pour chercher est celle d'Hippocrate, peut-être la meilleure idée du monde :-) Ce médecin disait : *cherchez la cause des causes.*

Autrement dit, pour soigner un mal, pour régler un problème, inutile de s'en prendre aux conséquences, bien sûr, mais inutile de s'en prendre même aux causes diverses (puisque tout est multifactoriel) : il y a toujours une cause déterminante (pas la seule mais une qui détermine toutes les autres) : c'est elle qu'il nous faut, c'est elle qu'il faut chercher, elle pourra devenir *notre cause commune.*

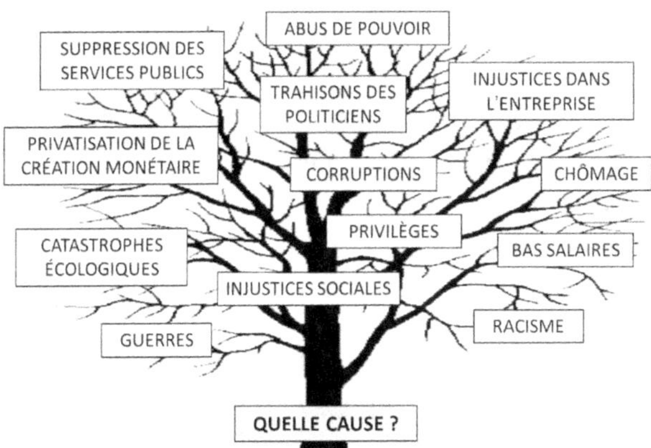

=> **toutes sont des conséquences (des branches)**
Mais quelle en est LA CAUSE ? (la racine, la source)

Je partage bien sûr le combat de mes copains résistants (je vous ai fait un schéma pour représenter l'arbre des injustices et de nos luttes spécialisées), mais j'observe que les militants se battent tous contre des conséquences :

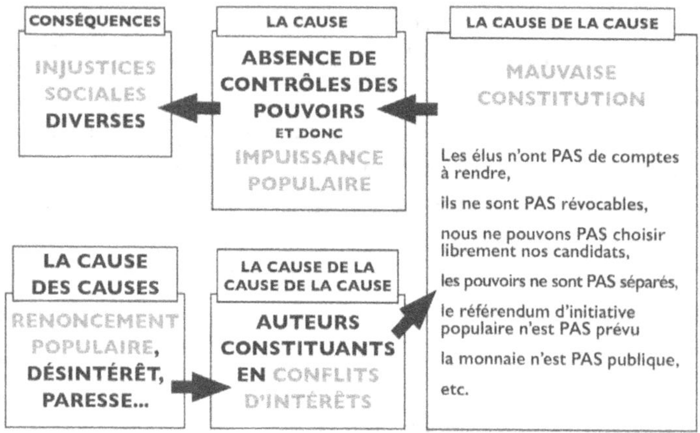

J'observe qu'aucun ne prend le mal à la racine : moi, la question que je me pose, c'est « qu'est-ce qui rend possible toutes ces horreurs (écologiques, économiques, sociales...) ? » C'est ça qu'il faut comprendre.

Je crois que ce qui rend possible les injustices sociales, c'est l'impuissance politique des gens biens, des gens normaux : si le peuple avait le pouvoir de résister, il le ferait, victorieusement.

Mais alors, cette impuissance populaire, d'où vient elle, elle-même ? (je cherche toujours la cause de la cause). Elle ne tombe pas du ciel, notre impuissance : elle est programmée, dans un texte supérieur... Un texte essentiel dont tout le monde se fout ! et qui s'appelle la Constitution. (Tout le monde s'en fout, sauf les multinationales et les banques, notez... la constitution européenne, c'est la constitution des banques.)

- C'est dans la constitution que les élus n'ont PAS de comptes à rendre,
- C'est dans la constitution qu'ils ne sont PAS révocables à tout moment,
- C'est dans la constitution que nous ne pouvons PAS choisir librement nos candidats,
- C'est dans la constitution qu'on n'interdit PAS aux plus riches d'aider leurs candidats,
- C'est dans la constitution que les pouvoirs ne sont PAS séparés, pas indépendants,
- C'est dans la constitution qu'on n'interdit PAS aux plus riches d'acheter les journaux du pays,
- C'est dans la constitution que le RIC, référendum d'initiative citoyenne, n'est PAS prévu,
- C'est dans la constitution que la monnaie n'est PAS publique,
- C'est dans la constitution que le peuple est absent et n'a AUCUN pouvoir,
- etc.

Mais ce n'est pas fini, il faut continuer à chercher : cette cause elle-même, cette mauvaise constitution, elle a une cause *première* : **qui donc a écrit ce texte ?!** Qu'est-ce qui fait que, partout dans le monde, à toutes les époques, toutes les constitutions programment l'impuissance des peuples ? Ce n'est sûrement pas un complot : pas partout, pas tout le temps, ce n'est pas possible… Non, ce processus universel a une cause première universelle : selon moi, tous les êtres humains du monde, par paresse, par peur ou par ignorance, renoncent à écrire eux-mêmes leur constitution et tous acceptent que ce soit des professionnels de la politique (des parlementaires, des juges, des ministres, des membres de partis…) qui écrivent et modifient la constitution. *C'est notre démission du processus constituant qui est la cause première des injustices sociales.*

Or, il faut bien comprendre ce que c'est, une constitution, à quoi ça sert, tous les citoyens devraient savoir ça : nous autres, « le peuple », avons besoin de représentants, au-dessus de nous, ayant un pouvoir pour produire et appliquer un droit écrit, qui pacifie notre société, en empêchant la domination arbitraire des plus forts.

Mais depuis toujours, on sait que ces pouvoirs ne sont pas qu'*utiles*, ils sont aussi extrêmement *dangereux* : tous les pouvoirs ont une tendance à abuser, toujours (Montesquieu), c'est comme une loi physique, implacable, et l'outil génial pour nous protéger des abus des pouvoirs, c'est la constitution.

La Constitution, c'est donc un texte qui sert à *affaiblir* les pouvoirs. La constitution pour faire son boulot de protection, elle doit *inquiéter* les pouvoirs. Donc ils doivent la craindre.

Mais alors, si les pouvoirs doivent craindre la constitution, ils ne doivent évidemment pas l'écrire ! C'est pourtant facile à comprendre et à prévoir, que des professionnels de la politique, au moment d'écrire eux-mêmes les règles supposées les effrayer plus tard, ces gens-là sont en CONFLIT D'INTÉRÊTS, ils sont à la fois *juges et parties* : dans cette occurrence précise, ils ne peuvent pas être justes : ils vont évidemment programmer leur puissance et notre impuissance. Et on ne peut même pas leur en vouloir : personne n'est assez fort pour se faire politiquement hara-kiri, c'est normal, n'importe qui ferait la même chose. C'est donc à nous, et à nous seuls, de leur interdire d'écrire, parce qu'ils n'y renonceront pas eux-mêmes ! Jamais. La solution ne viendra pas d'eux mais de nous.

La voilà donc, la cause des causes (sur laquelle on devrait se réunir pour devenir forts) : *ce n'est pas aux hommes au pouvoir d'écrire les règles du pouvoir*, il faut qu'on arrête de démissionner là-dessus.

Alors, la première bataille décisive, c'est de remettre tous les mots importants « à l'endroit » :

Aujourd'hui, d'abord, je ne suis pas un « citoyen » (un citoyen est *autonome*, il vote lui-même ses lois), je ne suis qu'un « électeur », c'est-à-dire un enfant politique, je suis *hétéronome* : je subis la loi votée par un autre que moi.

Mes « parents » en politique, les élus, ne veulent pas que je m'émancipe d'eux, ils ne veulent pas que je grandisse et que je devienne autonome : ils refusent que je vote moi-même pour ou contre les lois auxquelles je me soumets.

Je rappelle le coup d'État du 4 février 2008, où nos prétendus « représentants » nous ont imposé par voie parlementaire le traité anticonstitutionnel que nous venions de refuser expressément par référendum en 2005. Ce viol politique est gravissime. Et nous n'avons pourtant aucun moyen de résister, même à cette haute trahison.

Ils disent que nous sommes « incompétents». Ils nous traitent comme des enfants. Mais c'est bien de notre faute : nous sommes peut-être, d'une certaine façon, des enfants (les enfants croient au Père Noël et les électeurs croient au « suffrage universel ») : nous acceptons d'appeler « démocratie» (*demos cratos*, le pouvoir au peuple) son strict contraire : la prétendue « démocratie » moderne, qu'est-ce que c'est ? Eh bien c'est le seul droit de :
• désigner des maîtres,
• parmi des gens qu'on n'a pas choisis,
• et sans avoir aucun moyen de résister à une trahison entre deux élections…
• avec, en plus le droit d'expression, c'est vrai, mais sans aucune force contraignante,
• et puis c'est tout.

Le vrai nom de ce régime antidémocratique, c'est « gouvernement représentatif » (enfin, prétendument représentatif).

En fait, nous acceptons d'appeler « Constitution » un texte qui n'en n'est pas une. Il faut savoir ce qu'on veut : le simple mot constitution ou la vraie protection qu'elle doit programmer ?

Donc, pour bien résister, il faut commencer par faire ce que j'appelle *la grève des mots menteurs,* comme « démocratie», « suffrage universel», « citoyen» et « constitution», qui ont été mis à l'envers par les voleurs de pouvoir.

Notre régime antidémocratique est un projet délibéré, volontaire, depuis le début : Sieyès (un des penseurs les plus influents de la Révolution française), disait en 1789 : « Les citoyens qui se nomment des représentants renoncent et doivent renoncer à faire eux-mêmes la loi ; ils n'ont pas de volonté particulière à imposer. S'ils dictaient des volontés, la France ne serait plus cet État représentatif ; ce serait un État démocratique. Le peuple, je le répète, dans un pays qui n'est pas une démocratie (et la France ne saurait l'être), le peuple ne peut parler, ne peut agir que par ses représentants. » (Discours du 7 septembre 1789).

Eh bien, je crois que c'est clair, non ?

Et cette autre citation, encore plus explicite, de Voltaire : « Une société bien organisée est celle où le petit nombre fait travailler le grand nombre, est nourri par lui, et le gouverne. » Voltaire démocrate ? C'est une blague, sans doute. L'histoire démontre en détail l'imposture et les trucages permanents du « gouvernement représentatif » depuis deux cents ans : je vous recommande les vidéos d'Henri Guillemin sur le Net. Et ces gens-là savaient très bien ce qu'ils faisaient, ils savaient très bien que c'est l'élection qu'il leur fallait et pas le tirage au sort : tous les penseurs du monde avant 1789, de Platon-Aristote à Montesquieu-Rousseau, savaient et écrivaient que l'élection est par nature aristocratique, donc oligarchique, et que la seule procédure qui soit démocratique, c'est le tirage au sort, assorti de mille contrôles des gens qui sont désignés par le sort. Lisez ces deux citations, à deux mille ans d'intervalle :

Aristote : « Les élections sont aristocratiques et non démocratiques : elles introduisent un élément de choix délibéré, de sélection des meilleurs citoyens, les *aristoï*, au lieu du gouvernement par le peuple tout entier. »

Montesquieu : « Le suffrage par le sort est de la nature de la démocratie ; le suffrage par choix est de celle de l'aristocratie. »

Bon, ce n'est donc pas une lubie du père Chouard… C'est une question de définitions, à respecter pour que les mots aient un sens, pour qu'ils restent « à l'endroit ». Et c'est comme ça partout dans le monde.

Pour renforcer cette idée (théorique), je voudrais me référer à l'histoire et aux faits (pratiques). On a deux expériences historiques, assez longues, qui sont deux laboratoires : d'une part, la démocratie et donc le tirage au sort, Athènes pendant deux cents ans, il y a deux mille cinq cents ans, et d'autre part, le gouvernement représentatif et donc l'élection, pendant deux cents ans aussi, depuis 1789. Regardons les résultats :

• Pendant deux cents ans, le tirage au sort a toujours donné le pouvoir aux citoyens les plus pauvres, « les 99 % » (regardez les deux siècles de démocratie à Athènes, il n'y a pas d'exceptions).

• Alors que, pendant deux cents ans, l'élection a toujours donné le pouvoir aux citoyens les plus riches, « les 1 % » (regardez les deux siècles de gouvernement représentatif partout dans le monde, il n'y a pas d'exceptions).

Ma question centrale est : *combien de temps encore les pauvres (les 99 %) vont-ils préférer l'élection au tirage au sort (contre leurs intérêts les plus évidents) ?*

Notre préférence pour l'élection est littéralement incompréhensible. Il n'y a que les mythes pour l'expliquer : le tirage au sort n'est pas enseigné depuis deux cents ans à l'école dite « républicaine » (qui nous serine tous les jours « élections=démocratie, démocratie=élections… répète mon petit… »), ce qui explique notre difficulté intellectuelle à intégrer cette procédure inconnue dont nous avons pourtant tous besoin (partout sur terre) pour nous sortir du pétrin. Il faut du temps pour se désintoxiquer.

Le tirage au sort vous fait peur ? Pour vous rassurer, il faut que je vous prévienne contre un malentendu fréquent : en démocratie, ce ne sont pas les tirés au sort qui décident ! Le tirage au sort sert précisément à *affaiblir* les représentants (en gros, les tirés au sort sont ceux qui *préparent* les lois et ceux qui les *appliquent* : les fonctionnaires, les policiers, les juges…) Donc, avec le tirage au sort, on affaiblit ces représentants pour qu'ils restent nos serviteurs, et qu'ils ne deviennent jamais nos maîtres. Le tirage au sort garantit au peuple qu'il restera le souverain.

Ne repoussez pas trop vite le tirage au sort en politique : il y a des tas d'expériences sur terre qui fonctionnent très bien : je pense par exemple à la Colombie-Britannique (près de Vancouver) qui a fait réécrire en 2004 tout son Code électoral (complexe et important) par une assemblée tirée au sort : ces simples citoyens, effrayés au début, mais rassurés ensuite, sont devenus compétents par leur travail, avaient finalement les larmes aux yeux aux moment de rendre leur texte, fiers comme tout d'y être arrivés, et ont obtenu 57 % au référendum… Toutes les expériences de jurys citoyens tirés au sort montrent une indiscutable compétence des citoyens ordinaires.

Mais attention : pour défendre cette idée du tirage au sort (de la Constituante au moins, et des représentants ensuite, éventuellement), on ne peut compter que sur nous-mêmes, les gens normaux, à la base, ceux qui ne veulent pas du pouvoir. Et là, je voudrais partager avec vous cette pensée formidable d'Alain (le grand philosophe), qui disait : « Le trait le plus visible dans l'homme juste est de ne point vouloir du tout gouverner les autres, et de se gouverner seulement lui-même. Cela décide tout. Autant dire que les pires gouverneront. » Dans un régime d'élection, qui donne le pouvoir à ceux qui le veulent, Alain a raison : les pires gouverneront. Mais au contraire, le tirage au sort peut nous sortir de ce piège en offrant du pouvoir à tous ceux qui n'en veulent pas (et qui sont souvent les meilleurs d'entre nous).

Il faut donc que nous nous passions le mot entre nous, entre gens « normaux », et qu'on devienne tous « formateurs de formateurs », pour devenir vite des milliards de « globules blanc » (ou de « virus gentils, démocratiques ») transportant une idée simple et forte, une idée qui vise précisément, de toutes nos forces réunies, le talon d'Achille de l'oligarchie : **nous exigeons l'honnêteté du processus constituant, en remplaçant l'élection par le tirage au sort de l'assemblée constituante ; nous voulons instituer nous-mêmes notre puissance politique.**

Je vous invite à nous rejoindre sur le Net : on est en train de démontrer qu'on a besoin, et qu'on est capables, on a envie, d'écrire nous-mêmes notre constitution, notre contrat social. Il va falloir continuer à travailler cette idée, aller chercher le reste sur le Net et dans les livres, bosser quoi… Si on est vraiment nombreux, il suffira de le vouloir pour que ça advienne, sans violence.

Cette idée que je construis avec vous, elle marcherait pour tous les pays de la terre.

2.
Le procès citoyen de l'élection et une défense du tirage au sort

Je voudrais maintenant décrire la procédure centrale – profondément antidémocratique – du gouvernement représentatif : l'élection de maîtres parmi des candidats qu'on peut aider.

Le capitalisme et ses effroyables injustices est la conséquence économique d'une dépossession politique. Le capitalisme est avant tout du droit : le droit des riches, imposé par les riches, depuis deux cents ans. Ce qui permet aux riches d'écrire les lois, c'est une procédure, l'élection, qui donne un accès certain au pouvoir à ceux qui ont les moyens d'aider les candidats. Tout le reste découle de cela. Il me semble donc vain de nous battre contre les turpitudes politiciennes ou bancaires de nos représentants, alors que ces turpitudes ne sont que des conséquences de notre dépossession politique.

Dans l'Ancien Régime, les grands marchands, et notamment les marchands d'argent, étaient certes influents, mais pas tout-puissants : ils devaient respecter la monarchie absolue et le clergé. Le pouvoir économique et le pouvoir politique n'étaient pas dans les mêmes mains.

À l'occasion des deux révolutions (américaine en 1776 et française en 1789), les grands marchands se sont libérés de leurs chaînes en écrivant eux-mêmes les constitutions (geste fondamentalement libérateur pour tous ceux qui osent s'y aventurer librement), ce qui leur a permis d'imposer une procédure de désignation des représentants foncièrement antidémocratique et ploutocratique (donnant le pouvoir aux riches) : « l'élection-parmi-des-candidats-qu'on-peut-aider », candidats, choisis par les plus riches. Le capitalisme c'est le régime dans lequel les marchands sont parvenus à écrire les constitutions, et donc les lois. Il me semble que ce coup de force (constituant puis législatif) est décisif, central et fondateur.

Cette procédure ploutocratique de l'élection reste aujourd'hui clairement le mur porteur du capitalisme. Si les peuples s'estimaient légitimes et capables de reprendre aux riches le pouvoir constituant – et donc le pouvoir législatif – ce serait mécaniquement la fin du capitalisme, simplement parce que les grands marchands et usuriers ne pourraient plus imposer leurs représentants, leurs lois et leur monnaie à toute la société.

C'est bien la procédure de « l'élection-parmi-des-candidats-qu'on-peut-aider », qu'on nous invite à adorer comme une vache sacrée (élire des maîtres au lieu de voter les lois), qui organise notre impuissance politique et verrouille le capitalisme.

Selon Paul Ricœur, « est démocratique, une société qui se reconnaît divisée, c'est-à-dire traversée par des contradictions d'intérêt et qui se fixe comme modalité d'associer à parts égales chaque citoyen dans l'expression de ces contradictions, l'analyse de ces contradictions et la mise en délibération de ces contradictions, en vue d'arriver à un arbitrage. » La définition du bien commun est donc, par construction, relative, variable, discutable, conflictuelle, donc politique ; elle pose fondamentalement la question de la souveraineté : qui est légitime pour prendre les décisions communes ? qui évalue les besoins du corps social ? qui décide ? qui évalue les décisions ? Le peuple lui-même ou ses représentants ? Avons-nous vraiment besoin de représentants ?

Si la taille de nos sociétés impose effectivement de désigner des représentants, quel type de représentants doit-on choisir ? Car le mot représentant est polysémique en français : faut-il préférer des maîtres ou des serviteurs pour servir le bien commun ? Et surtout, qui est légitime pour décider de toutes ces règles supérieures, ces métarègles de la constitution ?

En théorie, depuis deux cents ans, les défenseurs de « l'élection-parmi-des-candidats » des législateurs et des gouvernants, procédure nommée « suffrage universel », prétend servir le bien commun, en désignant les meilleurs et en les contrôlant, tout en libérant du temps pour les gouvernés.

Mais en pratique, depuis deux cents ans, l'élection produit un système de domination du grand nombre par un petit nombre. Ce type de société était voulu dès l'origine, dès le xviiie siècle, par des personnages comme Voltaire (richissime marchand d'armes et inspirateur important de la Révolution française en 1789) : « L'esprit d'une nation réside toujours dans le petit nombre, qui fait travailler le grand, est nourri par lui, et le gouverne. Certainement cet esprit de la nation chinoise est le plus ancien monument de la raison qui soit sur la terre[1]. » L'abbé Sieyès, peut-être le principal père fondateur du gouvernement représentatif, explicitait sans fard le programme de la Révolution dès 1789 : « Dans la démocratie, les citoyens font eux-mêmes les lois, et nomment directement les officiers publics. Dans notre plan [le gouvernement représentatif], les citoyens font, plus ou moins immédiatement, le choix de leurs députés à l'Assemblée

---

1. Voltaire, *Essai sur les mœurs et l'esprit des nations*, tomes 11 à 13 des *Œuvres complètes*, Paris, Éditions Garnier, 1878, *loc. cit.* t. XII, chapitre CLV.

législative ; la législation cesse donc d'être démocratique et devient représentative[2]. »

Il y a mille preuves de la volonté des pères fondateurs de tenir le peuple à l'écart de la politique grâce à l'élection. Je renvoie aux citations des personnages historiques (chapitre 7).

La meilleure façon, pour de modernes électeurs comme nous, de bien comprendre l'intérêt du tirage au sort en politique est de conduire nous-mêmes le procès (équitable) de l'élection, car cette mise en accusation, par effet miroir, montre une à une les qualités intrinsèques du tirage au sort[3].

On va voir que l'élection paralyse les gouvernés (chapitre 3) et qu'elle donne le pouvoir aux pires gouvernants (chapitre 4)… Brillant résultat…

---

2. Abbé Sieyès, *Quelques idées de constitution applicables à la ville de Paris*, juillet 1789, à Versailles, chez Baudouin, imprimeur de l'Assemblée nationale, p. 3. https://gallica.bnf.fr/ark:/12148/bpt6k6540436h.texteImage

3. La procédure du *concours*, tradition chinoise, ne sera pas étudiée ici. Lire Bernard Manin, *Principes du gouvernement représentatif*, Paris, Calmann-Lévy, « Liberté de l'esprit », 1995, p. 177 : « On pourrait d'ailleurs noter que l'attribution de l'autorité politique par concours a été longtemps pratiquée dans la Chine ancienne. Le concours constitue, à côté du tirage au sort, de l'élection, de l'hérédité et de la désignation par les dirigeants en place une des modalités possibles de la sélection des gouvernants. […] »

3.
Du côté des gouvernés, l'élection infantilise les citoyens et les décourage de penser et de défendre le bien commun (au contraire du tirage au sort)

L'élection est aristocratique, alors que le tirage au sort est démocratique

Les plus grands penseurs savent depuis longtemps ce que nous avons aujourd'hui oublié.

Aristote (332 av. J.-C.) : « Les élections sont aristocratiques et non démocratiques : elles introduisent un élément de choix délibéré, de sélection des meilleurs citoyens, les *aristoï*, au lieu du gouvernement par le peuple tout entier[4]. »

Montesquieu (1748) : « Le suffrage par le sort est de la nature de la démocratie ; le suffrage par choix est de celle de l'aristocratie[5]. »

---

4. Aristote, *Politique*, livre IV.
5. Montesquieu, *De l'esprit des lois* (1748).

Cornelius Castoriadis (1996) : « Ce sont les Grecs qui ont inventé les élections. C'est un fait historiquement attesté. Ils ont peut-être eu tort, mais ils ont inventé les élections ! Qui élisait-on à Athènes ? On n'élisait pas les magistrats. Les magistrats étaient désignés par tirage au sort ou par rotation. Pour Aristote, souvenez-vous, un citoyen est celui qui est capable de gouverner et d'être gouverné. Tout le monde est capable de gouverner, donc on tire au sort. Pourquoi ? Parce que la politique n'est pas une affaire de spécialistes. Il n'y a pas de science de la politique. Il y a une opinion, la doxa des Grecs[6] »

Donc, le mot *aristoï* signifie « les meilleurs » en grec. L'élection qui, par définition, conduit à choisir les meilleurs est donc par construction aristocratique. La promesse d'égalité démocratique n'est donc pas tenue, représentants élus et représentés ne sont pas sur un pied d'égalité : les élus dominent les électeurs, un petit nombre commande à un grand nombre ; on peut dès lors craindre que le bien commun soit menacé, si jamais les élus venaient à servir des intérêts personnels au lieu de servir l'intérêt général.

Au contraire, le tirage au sort désigne n'importe qui ; il est donc la seule procédure qui respecte l'égalité politique entre les citoyens (la promesse fondatrice de la démocratie).

Élire c'est abdiquer, c'est renoncer à exercer soi-même sa souveraineté, c'est déléguer, c'est renoncer à légiférer, alors que tirer au sort c'est revendiquer sa souveraineté

Le mot « représentant » est polysémique, il peut désigner deux pouvoirs très opposés : en français, un représentant peut être un serviteur (comme un courtier, un mandataire qui attend fidèlement les ordres de son mandant pour agir), mais

---

6. Cornelius Castoriadis, *Post-scriptum sur l'insignifiance, Entretiens avec Daniel Mermet*, La Tour-d'Aigues, Éditions de l'Aube, 1998.

un représentant peut aussi être un maître (comme un tuteur, qui décide tout à la place de l'incapable qu'il représente). Cette polysémie est la source des plus graves malentendus (pour ne pas dire des pires escroqueries politiciennes).

Par construction, aujourd'hui, la procédure de « l'élection-parmi-des candidats » produit des représentants qui seront des maîtres, en votant toutes les lois à la place des électeurs. Alors que le tirage au sort produirait des représentants qui seraient des égaux, laissant le droit de voter les lois aux citoyens eux-mêmes. Les élus décident tout à la place des électeurs – l'élection dépossède les électeurs de leur souveraineté –, alors que les tirés au sort ne décident que ce que les citoyens ne peuvent pas (ou ne veulent pas) décider (préparation des lois, exécution des lois, jugements individuels…), autrement dit le tirage au sort ne dépossède pas les citoyens de leur souveraineté.

Robespierre, authentique démocrate, le formulait ainsi fortement : « La démocratie est un état où le peuple souverain, guidé par des lois qui sont son ouvrage, fait par lui-même tout ce qu'il peut bien faire, et par des délégués tout ce qu'il ne peut faire lui-même[7]. »

Dans nos « républiques », on appelle donc fautivement « citoyens » les électeurs, alors qu'un électeur est hétéronome : il subit la loi écrite par un autre ; au contraire, un citoyen est autonome : il produit lui-même le droit auquel il consent à obéir. Ainsi, « l'élection-parmi-des-candidats » ravale le peuple au rang dégradant d'électeurs, sorte d'enfants politiques (étymologiquement, enfant signifie « privé de parole »), impuissants politiques : l'élection fait fonction de bâillon, elle nous

---

7. Maximilien Robespierre, *Sur les principes de morale politique qui doivent guider la Convention nationale dans l'administration intérieure de la République*, Convention nationale, discours du 17 pluviôse an II (5 février 1794), in *Œuvres de Maximilien Robespierre*, Publication de la Société des études robespierristes, Ivry, Phénix Éditions, 2000, tome X, p. 353.

infantilise, politiquement, et donc aussi globalement (socialement et économiquement), et l'élection empêche ainsi le plus grand nombre de défendre en personne le bien commun. Nous ne sommes pas citoyens, nous sommes électeurs.

D'ailleurs, les pères fondateurs de notre régime savaient fort bien qu'ils allaient, grâce à cette acception asservissante du mot représentants, tenir le peuple à l'écart de la production des normes. L'abbé Sieyès, antidémocrate assumé, l'exprimait clairement en ces termes : « Les citoyens qui se nomment des représentants renoncent et doivent renoncer à faire eux-mêmes la loi ; ils n'ont pas de volonté particulière à imposer. S'ils dictaient des volontés, la France ne serait plus cet État représentatif ; ce serait un État démocratique. Le peuple, je le répète, dans un pays qui n'est pas une démocratie (et la France ne saurait l'être), le peuple ne peut parler, ne peut agir que par ses représentants[8]. »

Est-il sérieux de prétendre que le bien commun est correctement respecté en tenant durablement et sciemment le plus grand nombre à l'écart des réflexions et décisions politiques ? Pourtant, ils sont nombreux, les grands penseurs qui ont bien vu que les décisions sont mieux prises par une assemblée populaire que par un homme seul.

On pense d'abord à Aristote : « La délibération sera, en effet, meilleure si tous délibèrent en commun, le peuple avec les notables, ceux-ci avec la masse[9]. »

On voudrait aussi citer Machiavel : « Je dis qu'un peuple est plus sage, plus constant et plus avisé qu'un prince[10]. »

---

8. Emmanuel-Joseph Sieyès, *Dire de l'abbé Sieyès, sur la question du veto royal*, Assemblée nationale, discours du 7 septembre 1789.
9. Aristote, *Politique*, livre IV, 14, 1298-b.
10. Machiavel, *Discours sur la première décade de Tite-Live* (1531), livre I, chap. LVIII : « La foule est plus sage et plus constante qu'un prince ».

L'élection infantilise, décourage et déresponsabilise, dissuade de bien faire, éloigne le peuple de la politique et du bien commun, alors que le tirage au sort encourage, responsabilise et incite à bien faire

L'élection est une pédagogie de la servitude, un apprentissage de la résignation, elle enferme les électeurs dans un rôle de dominés. En les infantilisant, l'élection *déresponsabilise* les électeurs.

Au contraire, le tirage au sort émancipe les citoyens, en les traitant en adultes responsables. Et en général les gens essaient d'être dignes de la confiance qu'on leur fait, surtout si on leur confie une vraie responsabilité. Les expériences de conventions citoyennes tirées au sort organisées par Jacques Testart montrent que le niveau monte vite quand on respecte et implique vraiment les gens.

Jacques Testart : « Ce qui est extraordinaire quand on s'intéresse aux conférences de citoyens (tirés au sort et chargés de donner un avis sur l'enjeu politique et social d'un sujet scientifique), c'est de voir à quel point les individus peuvent être modifiés au cours de la procédure. Vous prenez une boulangère, un instituteur, bon des gens qui ont leur métier et qui *a priori* sont innocents, naïfs par rapport au problème. Ce n'est pas tellement qu'ils deviennent compétents, cela est évident. C'est surtout qu'ils deviennent une autre qualité d'humain. C'est-à-dire qu'ils développent des idées et des points de vue, qu'ils vont défendre leur avis, qu'ils ne sont pas du tout là pour défendre leur famille, même pas leurs enfants, mais la descendance de tout le monde… On voit une espèce d'altruisme qui transparaît, qu'on ne voit pas d'habitude.

Et moi, ce que j'ai constaté en regardant ça, c'est à quel point il y a un gâchis de l'humanité. C'est-à-dire qu'on maintient les gens dans un état d'abêtissement, de suivisme, de conditionnement. Et je dois dire que je n'y croyais pas avant de voir ça. Je pensais que c'était triste mais que l'humanité n'était pas belle à voir. Mais elle n'est pas belle à voir parce qu'on la met dans cet état-là. Je suis maintenant convaincu qu'il y a des ressorts chez la plupart des individus, quelque chose que l'on n'exploite pas, qu'on n'utilise pas, qu'on ne met pas en valeur. Mais les humains valent beaucoup mieux que ce qu'on en fabrique[11]. »

Tocqueville, aussi, a écrit des pages admirables pour défendre les vertus éducatives et responsabilisantes des jurys civils tirés au sort. « J'entends par jury un certain nombre de citoyens pris au hasard et revêtus momentanément du droit de juger. [...] Le jury est avant tout une institution politique ; on doit le considérer comme un mode de la souveraineté du peuple [...] Le jury, et surtout le jury civil, sert à donner à l'esprit de tous les citoyens une partie des habitudes de l'esprit du juge ; et ces habitudes sont précisément celles qui préparent le mieux le peuple à être libre. Il répand dans toutes les classes le respect pour la chose jugée et l'idée du droit. Ôtez ces deux choses, et l'amour de l'indépendance ne sera plus qu'une passion destructive. Il enseigne aux hommes la pratique de l'équité. Chacun, en jugeant son voisin, pense qu'il pourra être jugé à son tour. [...] Le jury apprend à chaque homme à ne pas reculer devant la responsabilité de ses propres actes ; disposition virile, sans laquelle il n'y a pas de vertu politique. [...] En forçant les hommes à s'occuper d'autre chose que de leurs propres affaires, il combat l'égoïsme individuel, qui est comme la rouille des sociétés. Le jury sert incroyablement à former le jugement et à augmenter les lumières naturelles du peuple. C'est là, à mon avis, son plus grand avantage. On doit le considérer comme une école gratuite et toujours ouverte, où chaque juré vient s'instruire de ses droits, où il entre en communication journalière avec les membres les plus instruits et les plus éclairés des classes élevées, où les lois lui sont enseignées d'une manière pratique [...] Ainsi le jury, qui est le moyen le plus

---

11. Jacques Testart, dans l'émission *À voix nue*, France Culture, 8 juin 2012.

énergique de faire régner le peuple, est aussi le moyen le plus efficace de lui apprendre à régner[12]. »

Donc, du côté des gouvernés, par chacun de ces trois premiers traits caractéristiques de l'élection-parmi-des-candidats (procédure aristocratique, infantilisante et démotivante), on constate que l'élection réduit à presque rien le nombre de personnes capables de défendre le bien commun.

12. Alexis de Tocqueville, *De la démocratie en Amérique*, tome 1, deuxième partie, chapitre VIII, Paris, Gallimard, « Folio histoire », 2000, *loc. cit.*, p. 404-410.

4.
Du côté des gouvernants, l'élection porte au pouvoir les pires (au contraire du tirage au sort)

Du côté des gouvernants, en admettant que nous ayons besoin de « représentants », on constate souvent que l'élection parmi des candidats porte au pouvoir les pires, à l'exact opposé de ce qu'elle prétend. Je vois sept caractères propres à l'élection qui conduisent à ce désastre (et je vois comme dans un miroir, sept caractères inverses propres au tirage au sort qui éviteraient ce désastre) :

L'élection donne le pouvoir à ceux qui le veulent (le tirage au sort, non)

On sait depuis deux mille cinq cents ans qu'il ne faut pas donner le pouvoir à ceux qui le veulent.

Platon : « Le pire des maux est que le pouvoir soit occupé par ceux qui l'ont voulu[13]. »

---

13. Platon, cité par Jacques Rancière, in *Siné Hebdo*, 11 mars 2009.

Alain : « Le trait le plus visible dans l'homme juste est de ne point vouloir du tout gouverner les autres et de gouverner seulement lui-même. Cela décide tout. Autant dire que les pires gouverneront[14]. »

Les pires gouverneront, mais seulement si l'on donne le pouvoir à ceux qui le veulent (parce que les meilleurs ne le veulent pas). Précisément, le tirage au sort évite ce piège central et donne le pouvoir « aux autres »… Le tirage au sort ne nous condamne donc pas, lui, à la tyrannie de ceux qui veulent tout décider à la place des autres.

C'est une mauvaise idée de donner le pouvoir à ceux qui le veulent assez pour y parvenir car les compétences (et les motivations) nécessaires pour parvenir au pouvoir (pour gagner une compétition électorale) ne sont sûrement pas les mêmes qui sont nécessaires pour exercer le pouvoir (pour chercher le bien commun et le servir).

L'élection pousse au mensonge et favorise les menteurs (le tirage au sort, non)

En s'appuyant sur la volonté des citoyens pour désigner les acteurs, l'élection donne des prises aux escrocs, dont tout le talent est précisément de savoir tromper les volontés. D'une certaine façon, l'élection offre le pouvoir aux menteurs : c'est celui qui mentira le mieux qui sera élu, à tous les coups. Donc, par construction, l'élection pousse au mensonge : d'abord mensonges *avant* le mandat pour être élu, et ensuite mensonges *pendant* et *après* le mandat pour être réélu. Scientifiquement, mécaniquement, « l'élection-parmi-des-candidats » incite au mensonge, tout le temps.

---

14. Alain, *Propos sur les pouvoirs. Éléments d'éthique politique* (1925), Paris, Gallimard, « Folio essais », 1985.

A contrario, en ne s'appuyant pas sur la volonté des gens, le tirage au sort retire toute prise aux escrocs. Mieux encore, le tirage au sort dissuade de mentir puisque le mensonge ne sert à rien pour accéder au pouvoir. On objectera qu'il restera toujours des menteurs dans une société humaine. Bien sûr, mais le tirage au sort baisse la proportion de menteurs au pouvoir, ce qui ne peut être que profitable au bien commun.

L'élection produit des maîtres
(alors que le tirage au sort produit des égaux)

D'avoir été désigné comme le meilleur, l'élu éprouve naturellement, et assez logiquement, fierté, vanité et sentiment de supériorité, humeurs qui l'incitent naturellement à se sentir légitime à tout décider, tout seul, sans avoir à démontrer davantage qu'il est digne de sa charge. Bien des abus de pouvoir – et bien des négligences du bien commun – trouvent sans doute de profondes racines dans ce sentiment de supériorité de « l'élu », qui naît forcément de cette procédure aristocratique qu'est l'élection parmi des candidats.

Au contraire, le tirage au sort n'offre aucune raison de ressentir un sentiment de supériorité et incite donc le représentant à l'humilité : on n'a pas été choisi comme le meilleur, mais bien comme un égal, et il faut donc démontrer à tout moment qu'on est digne de la charge.

On constate depuis deux cents ans que l'élection produit des assemblées de notables, absolument pas représentatifs du corps social qu'elles prétendent représenter, et qui plus est, extrêmement privilégiés. On ne compte plus les études scientifiques qui prouvent l'absence criante des classes laborieuses au Parlement, ni les enquêtes journalistiques qui prouvent les innombrables (et honteux) avantages que s'octroient eux-mêmes les parlementaires.

Un des sens du mot représenter est de reconstituer une image miniature fidèle de la société représentée. Le tirage au sort est pour ce faire bien mieux adapté que l'élection. Lui seul est capable de composer un échantillon représentatif de l'ensemble des citoyens. Tirer au sort une assemblée donnera toujours 50 % de femmes, 90 % de salariés et 10 % de chômeurs.

À la question de savoir si l'assemblée qui va nous représenter doit nous ressembler ou pas relève du choix souverain des citoyens constituants et nullement des élus.

L'élection produit des maîtres hors contrôle
(non le tirage au sort)

L'élection repose sur la confiance et place le contrôle des représentants précisément au moment de leur désignation. Ce choix dissuade de contrôler les élus davantage, pendant leur mandat et après leur mandat : on entend dire que l'élection et le risque de non-réélection sont des contrôles bien suffisants… Cette absence de contrôles réels des élus rend possible – et même favorise – la corruption. L'élection sans autre contrôle que l'élection ne protège pas correctement le bien commun.

Alors que le tirage au sort, inspirant naturellement une défiance, déplace le moment du contrôle des représentants : le contrôle des tirés au sort n'a pas lieu au moment de la désignation (on choisit n'importe qui), mais à tout moment, pendant le mandat et après le mandat (par d'autres tirés au sort). Il apparaît donc que des tirés au sort sont naturellement et instinctivement beaucoup plus contrôlés que des élus.

Cette différence essentielle (touchant aux contrôles) conduit d'ailleurs logiquement à préconiser l'élection parmi des candidats pour désigner les représentants locaux (qu'on connaît, qu'on côtoie et qu'on observe plus facilement soi-même du fait de la proximité), et à préconiser le tirage au sort (et ses contrôles multiples à tous les étages) pour désigner les représentants à l'échelle régionale, nationale ou fédérale (qu'on ne connaît pas et qu'on ne peut surveiller soi-même du fait de l'éloignement).

Donc l'élection est bien adaptée aux scrutins municipaux (et mal aux autres), alors que le tirage au sort est beaucoup mieux adapté aux scrutins régionaux, nationaux et fédéraux. On entend généralement dire le contraire, et c'est à tort.

L'élection produit une caste de maîtres hors contrôle (non le tirage au sort)

Dans tous les sondages, toutes nos conversations, le reproche le plus fréquent et le plus grave que font les citoyens au gouvernement représentatif est la professionnalisation de la politique. Or cette professionnalisation est une conséquence inéluctable de l'élection. Les mêmes raisons qui ont conduit à élire un candidat une fois (la liste réduite des candidats volontaires, leur art de séduire qui se perfectionne sans cesse, la personnalité des électeurs, qui ne changent guère d'une élection à l'autre) conduisent à le réélire plusieurs fois. L'élection contrarie donc la rotation des charges, ce qui impose mécaniquement la professionnalisation de la politique – et la formation de partis, on y reviendra dans un instant. On le constate partout dans le monde et à toutes les époques.

L'élection nie l'égalité politique en privant le plus grand nombre de l'action politique au profit d'une caste politicienne.

Le tirage au sort, lui, impose la rotation des charges et interdit donc la professionnalisation de la politique. Il respecte l'égalité politique des citoyens en interdisant toute formation de caste privilégiée.

L'élection impose des partis pour gagner la guerre politique, avec une logique militaire réclamant l'obéissance des militants et mobilisant les passions collectives (non le tirage au sort)

On vote presque une fois par an ; et un citoyen seul ne peut pas gagner une « élection-parmi-des-candidats ». Il en résulte que la campagne électorale permanente qui découle du choix de l'élection (comme procédure de désignation des représentants) impose aux candidats de mobiliser une armée de militants, enrôlés autour d'un chef, d'une ligne de pensée, d'un dogme, d'une discipline, d'une hiérarchie, de la détestation de toutes les autres armées équivalentes (en bloc), l'obsession sectaire de parvenir seul au pouvoir, etc., ce qui entretient la discorde. On ne suit plus le bien commun quand l'objectif prioritaire est de parvenir au pouvoir.

Les partis ne servent qu'à gagner les élections et à rien d'autre. Il n'y a jamais eu de partis dans les régimes sans élections. C'est le choix de l'élection qui nous condamne au fléau des partis, mais on n'a évidemment pas besoin de partis pour faire de la politique… C'est pourquoi, avec le tirage au sort, les partis deviennent inutiles et disparaissent naturellement.

L'élection permet d'aider un candidat, et donne ainsi le pouvoir aux plus riches (non le tirage au sort)

Il est facile de corrompre quelqu'un qui vous doit tout. Alors qu'il est difficile de corrompre quelqu'un qui ne vous doit rien. Si l'on peut aider un candidat, il est certain que ceux qui ont les moyens d'aider le feront, toujours, car les élus « aidés » seront ainsi forcément débiteurs – donc serviteurs – des intérêts privés de leurs bienfaiteurs (dont ils ont absolument besoin, pour leur élection et pour leur réélection).

Quels sont les moyens d'aider certains candidats ? Il s'agit de les faire voir beaucoup, de les montrer sous un angle flatteur (de ne leur poser que des questions faciles, sans pièges), de discréditer ou de ne pas inviter leurs concurrents, etc. Tout ce « travail » de l'opinion[15] est accompli par les grands médias (presse, radio, télés, instituts de sondage) et leurs « journalistes » « éditorialistes » et autres « experts ». Aujourd'hui, toute la presse et l'édition appartiennent à quelques banques et industriels et à deux marchands d'armes[16].

Donc, l'élection parmi des candidats permet, et même incite, à la corruption. C'est sans doute son plus grave et impardonnable défaut. Les individus les plus riches du corps social ont ainsi trouvé dans « l'élection-parmi-des-candidats » le moyen certain de conserver le pouvoir pour toujours, et de produire un droit qui leur est favorable. On peut appeler ce droit « le capitalisme » ou la ploutocratie (le gouvernement par les riches pour les riches), mais toute la pyramide des pouvoirs institués (parlement, gouvernement, juges, prisons, police…) tient à la procédure de désignation des législateurs : rien n'impose aux 99 % de la population de préférer l'élection plutôt que le tirage au sort ; ce sont des élus qui ont choisi la procédure de l'élection… On peut aisément les comprendre, d'ailleurs, du fait de leur intérêt personnel, mais ce choix n'a rien à voir avec le bien commun et on n'est pas obligés de les suivre dans ce choix.

À l'inverse, le tirage au sort ne permettant pas d'aider qui que ce soit, est une procédure égalitaire et incorruptible qui porte au pouvoir de meilleurs serviteurs du bien commun, moins

---

15. Serge Halimi, Henri Maler, Mathias Reymond, Dominique Vidal, *L'opinion, ça se travaille… Les médias et les « guerres justes »*, Marseille, Agone 2014. Voir aussi, Noam Chomsky et Edward Herman, *De la propagande médiatique en démocratie*, Marseille, Agone, 2008.
16. Geoffrey Geuens, *Tous pouvoirs confondus. État, capital et médias à l'ère de la mondialisation*, Bruxelles, EPO Éditions, 2003.

corruptibles car ne devant rien à quiconque pour leur accession au pouvoir.

« L'élection-parmi-des-candidats » porte au pouvoir des personnes qui vont défendre des intérêts particuliers, alors que le tirage au sort porte au pouvoir des personnes qui vont défendre l'intérêt général.

Certes, rien n'est parfait et les risques de corruption existeront toujours, dans toute société humaine, mais force est de constater que « l'élection-parmi-des-candidats » cumule tous les vices, du point de vue du bien commun (pas du point de vue des élus, bien sûr, ni de leurs riches bienfaiteurs). On peut raisonnablement escompter que le tirage au sort réduise le ratio de corrompus au pouvoir.

Conclusion

Nous avons deux laboratoires politiques pour vérifier sur le terrain, que la pratique confirme bien ce que permet de prévoir la théorie : *200 ans de tirage au sort* (quotidien) à Athènes (aux ve et ive siècles av. J.-C.) ont permis aux citoyens pauvres (aujourd'hui, on dirait les 99 %) de gouverner pendant toute la période ; alors que, au contraire, *200 ans d' « élections-parmi-des-candidats »* (depuis 1789) ont permis aux citoyens riches (aujourd'hui, on dirait les 1 %) de gouverner pendant toute la période. Donc, en théorie comme en pratique, l'élection donne le pouvoir aux riches (aux 1 %), et le tirage au sort donne le pouvoir aux pauvres (aux 99 %).

Aristote écrit : « Le raisonnement rend donc évident, semble-t-il, que la souveraineté d'une minorité ou d'une majorité n'est qu'un accident, propre soit aux oligarchies, soit aux démocraties, dû au fait que partout les riches sont en minorité et les pauvres en majorité. Aussi, la différence réelle qui sépare entre elles démocratie et oligarchie, c'est la pauvreté et la richesse ;

et nécessairement, un régime où les dirigeants, qu'ils soient majoritaires ou minoritaires, exercent le pouvoir grâce à leur richesse est une oligarchie, et celui où les pauvres gouvernent une démocratie[17]. »

Une question importante vient alors à l'esprit : « combien de temps encore les 99 % vont-ils défendre comme une vache sacrée démocratique la procédure aristocratique qui les infantilise pour toujours et qui les paralyse à jamais ? »

17. Aristote, *Politique*, livre III, cité par Moses I. Finley, *Democracy Ancient and Modern*, Brunswick (New Jersey, États-Unis), Rutgers University Press, 1973 ; trad. fr. sous le titre *Démocratie antique et démocratie moderne* (1976), Paris, Payot, « Petite bibliothèque Payot », 2003.

5.
Les différentes pratiques
du tirage au sort

Il reste à examiner les différentes pratiques du tirage au sort en politique. Passé la surprise, pour le bien commun, de se voir si mal servi par l'élection, et si bien défendu par le tirage au sort, on peut se demander quels sont les principaux usages d'une procédure aléatoire de désignation des représentants, et comment cette procédure pourrait être un jour réellement instituée, inscrite dans la constitution.

« L'élection-parmi-des-candidats » attribue généralement des privilèges, alors que le tirage au sort distribue le plus souvent des charges.

Il faut bien garder présent à l'esprit que, pour tenir un poste ou remplir une fonction, on élit toujours une personne seule (à qui l'on se confie et qu'on contrôle peu ou pas) pour un temps assez long ; alors qu'on tire au sort souvent un collectif de personnes (de qui on se défie et qu'on contrôle vraiment et souvent) pour un temps assez court – ce qui rassure tout le monde… On signalera ici trois grands cas de figure, en gardant le plus important, le plus décisif, pour la fin.

Tirage au sort pour désigner
les Chambres de contrôle de tous les pouvoirs

Les références ne manquent pas, dans la littérature de philosophie politique, pour insister sur le grand devoir de vigilance des citoyens à l'encontre de tous les pouvoirs. On citera :

Montesquieu : « C'est une expérience éternelle que tout homme qui a du pouvoir est porté à en abuser ; il va jusqu'à ce qu'il trouve des limites. Qui le dirait ! la vertu même a besoin de limites. Pour qu'on ne puisse abuser du pouvoir, il faut que, par la disposition des choses, le pouvoir arrête le pouvoir[18]. »

Alain : « Tout chef sera un détestable tyran si on le laisse faire[19]. »

Machiavel : « La meilleure forteresse des tyrans, c'est l'inertie des peuples. Quiconque veut fonder un État et lui donner des lois doit supposer d'avance les hommes méchants et toujours prêts à déployer ce caractère de méchanceté. »

Marat : « Veiller est le premier devoir de tout bon citoyen. »

Madame Roland en 1789 : « Le gouvernement représentatif devient bientôt le plus corrompu des gouvernements si le peuple cesse d'inspecter ses représentants. Le problème des Français, c'est qu'ils donnent trop à la confiance, et c'est ainsi qu'on perd la liberté. Il est vrai que cette confiance est infiniment commode : elle dispense du soin de veiller, de penser et de juger. »

Gandhi : « La vraie démocratie ne viendra de la prise de pouvoir de quelques-uns mais du pouvoir que tous auront de s'opposer aux abus de pouvoir. »

Robespierre : « Eh ! que nous importent les combinaisons qui balancent l'autorité des tyrans ? C'est la tyrannie qu'il faut extirper. Ce n'est pas dans la querelle de leurs maîtres que les peuples doivent chercher l'avantage de respirer quelques instants,

---

18. Montesquieu, *De l'esprit des lois*, livre XI, chap. IV.
19. Alain, *Propos sur les pouvoirs, op. cit.*

c'est dans leurs propres forces qu'il faut placer la garantie de leurs droits. […] Il n'y a qu'un seul tribun du peuple que je puisse avouer ; c'est le peuple lui-même[20] […] » ou encore : « La source de tous nos maux, c'est l'indépendance absolue où les représentants se sont mis eux-mêmes à l'égard de la nation sans l'avoir consultée. Ils ont reconnu la souveraineté de la nation, et ils l'ont anéantie. Ils n'étaient de leur aveu même que des mandataires du peuple, et ils se sont faits souverains, c'est-à-dire despotes, car le despotisme n'est autre chose que l'usurpation du pouvoir souverain[21] […] »

Rousseau : « Sitôt que le service public cesse d'être la principale affaire des citoyens, et qu'ils aiment mieux servir de leur bourse que de leur personne, l'État est déjà près de la ruine. Faut-il marcher au combat ? Ils payent des troupes et restent chez eux ; faut-il aller au Conseil ? Ils nomment des députés et restent chez eux. À force de paresse et d'argent, ils ont enfin des soldats pour asservir la patrie, et des représentants pour la vendre[22]. »

À cause du conflit d'intérêts et de l'esprit de corps, un pouvoir ne sera jamais (ne peut pas être) correctement jugé par ses pairs.

L'antidote universel contre les conflits d'intérêts est le tirage au sort ; c'est pourquoi tout le monde (sauf les pouvoirs concernés, bien sûr) comprend et admet rapidement l'intérêt et l'importance de ce premier usage du hasard en politique : dans la perspective du bien commun, il faut que tous les organes de

---

20. Maximilien Robespierre, *Sur la Constitution*, Convention nationale, discours du 10 mai 1793, in *Œuvres de Maximilien Robespierre, op. cit.*, tome IX, p. 499 et p. 500.

21. Maximilien Robespierre, *Sur la déchéance du roi et le renouvellement de la législature – Des maux et des ressources de l'État*, Société des Amis de la Constitution, discours du 29 juillet 1792, in *Œuvres de Maximilien Robespierre, op. cit.*, tome VIII, p. 416.

22. Jean-Jacques Rousseau, *Du contrat social* (1762), Paris, Éditions Garnier Frères, 1962, livre III, chap. XV, p. 301.

contrôle des différents pouvoirs soient composés de simples citoyens, et donc tirés au sort (et formés pour ça).

Tirage au sort pour désigner tout ou partie du Corps législatif

Le point du tirage au sort du Corps législatif est délicat, et donc controversé : nous avons si longtemps cru, malgré toutes les preuves contraires, que le fait d'élire nous-mêmes les législateurs était un bon moyen de servir le bien commun, que nous avons aujourd'hui toutes les peines du monde à nous figurer qu'un Parlement tiré au sort donnerait plus de chance à l'intérêt général qu'un Parlement élu. En plus, il y a plein de gens qui ne veulent pas faire ce travail…

Aussi cet usage précis du tirage au sort est-il le plus long (et parfois impossible) à admettre, et souvent, il n'est accepté par les gens qui le découvrent que moyennant le compromis des deux chambres législatives : une élue (la Chambre des partis) et une tirée au sort (la Chambre des citoyens). C'est un chantier ouvert, avec de nombreuses opportunités d'innovations intelligentes.

Si cet usage du tirage au sort vous effraie ou vous rebute, ne rejetez pas en bloc tous les usages du tirage au sort : vous avez le droit de nuancer votre pensée et vous pouvez souhaiter un usage donné du tirage au sort (pour les Chambres de contrôle et pour l'Assemblée constituante, par exemple) tout en refusant un autre usage (pour la Chambre législative par exemple).

Tirage au sort pour désigner l'Assemblée constituante, sans laquelle rien n'adviendra

L'usage le plus important du tirage au sort en politique est sans doute celui de la désignation de l'Assemblée constituante. C'est lui qui importe le plus car il est la condition même pour que tous les autres usages du tirage au sort adviennent un jour (jamais les élus ne renonceront à la procédure qui leur donne le pouvoir à eux).

On rappelle que la constitution est le texte supérieur qui institue tous les pouvoirs d'un pays, qui fixe les procédures de désignation des acteurs, les organes de contrôle de ces acteurs, et la puissance du peuple par rapport à ces pouvoirs. La constitution est un contrat social, toujours révisable, par lequel un groupe humain se constitue en établissant des pouvoirs auxquels il consent à obéir. La constitution doit impérativement limiter les pouvoirs, pour protéger la société contre leurs abus : donc, il ne faut en aucun cas que ce soit les hommes au pouvoir qui écrivent les règles du pouvoir (la constitution) : en effet, dans le processus constituant, les élus sont forcément en conflit d'intérêts (ils ont un intérêt personnel contraire à l'intérêt général), et ils vont toujours instituer leur puissance et l'impuissance populaire. C'est précisément ce que l'on observe, partout dans le monde et à toutes les époques.

Il n'y a presque pas de trace de cette idée radicale dans la littérature, mais j'en ai trouvé une que je vous signale. C'est Thomas Paine, un Anglais, qui écrivait en 1791 : « Il est contraire aux principes du gouvernement représentatif qu'un corps s'octroie à lui-même des pouvoirs[23]. » Et : « Un gouvernement n'a pas le droit de se déclarer partie prenante dans un débat touchant aux principes ou à la méthode utilisés pour élaborer ou amender une constitution. Ce n'est pas à l'intention de ceux qui exercent le pouvoir gouvernemental qu'on établit des constitutions et les gouvernements qui en découlent. Dans toutes ces choses, le droit de juger et d'agir appartient à ceux qui paient et non à ceux qui reçoivent[24]. » Et encore : « Il n'est pas d'autre contrat que

---

23. Thomas Paine, *Les Droits de l'homme* (1791-1792), Paris, Belin, « Alpha », 2009.
24. *Id., ibid.*, chap. 4 : « Des constitutions », p. 267 et suiv.

celui passé entre ses différentes composantes par l'ensemble du peuple en vue d'engendrer et de constituer un gouvernement. Supposer qu'un gouvernement quelconque puisse être partie prenante dans un contrat passé avec le peuple, c'est supposer que le gouvernement existait avant d'en avoir le droit. Le gouvernement n'est pas un fonds de commerce que n'importe quel homme ou groupe d'hommes aurait le droit d'ouvrir et de gérer à son profit. Ce n'est qu'un dépôt, confié au nom de ceux qui le délèguent – et qui à tout moment peuvent le reprendre[25]. »

Aujourd'hui, je dis ça de cette manière : *ce n'est pas aux hommes au pouvoir d'écrire les règles du pouvoir.* Si le tirage au sort n'a jamais été institué, c'est sans aucun doute parce que les Assemblées constituantes ont toujours été élues parmi des candidats professionnels de la politique, dont l'intérêt personnel les conduit à préférer naturellement l'élection, aux dépens du bien commun.

Donc, si les peuples du monde veulent un jour sortir du piège politicien qui les condamne à l'impuissance, il faudra sans doute qu'ils fassent du tirage au sort de l'Assemblée constituante leur priorité absolue : pour instituer enfin le droit des peuples à disposer d'eux-mêmes (vraiment), les Assemblées constituantes ne doivent surtout pas être élues parmi des candidats. Qui va porter ce projet d'Assemblée constituante citoyenne, sinon les citoyens eux-mêmes ?

---

25. *Ibid.*

6.
Les ateliers constituants,
outils pratiques d'éducation populaire

Le régime du gouvernement représentatif (fautivement appelé « démocratie représentative », oxymore trompeur), régime de domination des électeurs par des élus, n'a été voulu et imposé depuis l'origine que par des élus (Sieyès, Madison…). La solution ne viendra donc pas des élus, qui sont le problème tant qu'ils confisquent le pouvoir constituant. La solution ne peut venir que des autres, c'est-à-dire des citoyens eux-mêmes. L'émancipation des électeurs (leur mutation en citoyens) exige que soit instituée leur puissance politique et il faudrait donc que les électeurs s'entraînent à être eux-mêmes des constituants.

Un citoyen digne de ce nom doit être vigilant, donc constituant

La vigilance est repérée depuis longtemps comme une qualité essentielle du citoyen :

Platon : « La punition des gens bons qui ne s'intéressent pas à la politique, c'est d'être gouvernés par des gens mauvais. »

Thucydide : « Un homme ne se mêlant pas de politique mérite de passer, non pour un citoyen paisible, mais pour un citoyen inutile[26]. »

Marat : « Pour rester libre, il faut être sans cesse en garde contre ceux qui gouvernent : rien de plus aisé que de perdre celui qui est sans défiance ; et la trop grande sécurité des peuples est toujours l'avant-coureur de leur servitude[27]. »

Alain : « La démocratie n'est pas dans l'origine populaire du pouvoir, elle est dans son contrôle. La démocratie, c'est l'exercice du contrôle des gouvernés sur les gouvernants. Non pas une fois tous les cinq ans, ni tous les ans, mais tous les jours[28]. »

Nous devons tous être vigilants, quotidiennement. Mais quelle est l'efficacité d'une vigilance privée d'une puissance d'agir ? Aujourd'hui, nos anti-constitutions ne reconnaissent aux électeurs aucun pouvoir pour se défendre contre les politiciens. Pour jouer leur rôle de sentinelles de la démocratie, les citoyens doivent donc se doter d'une puissance garantie (quel que soit le choix fait au sujet des représentants – maîtres ou serviteurs).

À Athènes, c'était l'*Ecclesia*, l'assemblée du peuple, qui avait pour rôle de voter les lois mais aussi de mettre en œuvre l'*isègoria*, le droit à la parole pour tous, à tout moment et à tout propos, permettant à chaque citoyen de devenir en cas de danger une sentinelle de la démocratie, un gardien du bien commun.

Aujourd'hui, cette puissance populaire instituée pourrait prendre la forme de la liberté d'expression, du référendum d'initiative citoyenne, de médias publics accessibles à tous, et du statut protecteur des lanceurs d'alerte, par exemple.

Les élus n'institueront jamais la puissance des citoyens. Seuls les citoyens sont capables d'instituer leur propre puissance. Il

---

26. Thucydide 2.40.2, trad. Roussel et Pierre Vidal-Naquet, *in* Moses I Finley, *Démocratie antique et démocratie moderne, op.cit.*
27. Jean-Paul Marat, *Les Chaînes de l'esclavage* (1774).
28. Alain, *Propos sur les pouvoirs, op.cit.*

est donc tout à fait décisif (et non négociable) que les citoyens soient constituants, c'est-à-dire capables de vouloir, instituer et défendre eux-mêmes leur contrat social, leur constitution, le texte supérieur qui les constitue en peuple.

Ceci va demander un apprentissage – théorique et pratique – pour la population. Comment faire ?

Cette mutation des électeurs-enfants en citoyens-adultes ne pourra advenir que par éducation populaire pratique : les mini-ateliers constituants, prolifiques et contagieux

Jamais les élus n'apprendront aux électeurs à se passer d'eux, ni même seulement à les contrôler efficacement (à cause du conflit d'intérêts). C'est donc aux citoyens de se former mutuellement, entre eux, à travers des rencontres ciblées sur l'écriture d'articles de constitution, mini-ateliers constituants « contagieux », par éducation populaire, entre égaux.

Une fois la multitude formée, habituée aux débats constituants, il apparaîtra naturel au corps social de tirer au sort les citoyens de l'Assemblée constituante, car l'expérience aura montré que, globalement, nous écrivons tous à peu près les mêmes articles. Les ateliers constituants prennent ainsi à la racine le mal de *l'impuissance populaire à défendre le bien commun*. Ce sont de tels ateliers que j'anime depuis des années, un peu partout dans l'espace francophone.

Le bien commun a besoin de nombreux gardiens volontaires, capables de le comprendre, de le vouloir et de le défendre. C'est donc un apprentissage politique, théorique et pratique, autonome, émancipant, qu'il faut non seulement permettre mais favoriser dès le plus jeune âge et jusqu'au bout de la vie.

De ce point de vue, et au terme de cet examen, *l'élection parmi des candidats* réduit à presque rien le nombre de ces gardiens du bien commun et les expose aux plus graves corruptions. Au contraire, le tirage au sort, lui, notamment celui de l'Assemblée constituante, multiplie ces gardiens de l'intérêt général et les protège de la corruption par une « désincitation » à mentir et par des contrôles permanents.

Cette analyse est un chantier récent (tout a commencé en 2005) et ne doit surtout pas devenir un domaine d'experts : vous pouvez, vous devriez, tous participer à enrichir cette réflexion et à la renforcer.

7.
Textes de référence – démocratie, élections, tirages au sort *« Dis-moi ce que tu lis, je te dirai qui tu es »*

Il y a trop de textes épatants depuis deux mille cinq cents ans sur l'élection, sur le tirage au sort, sur la démocratie, sur la très nécessaire vigilance citoyenne à l'encontre des pouvoirs, pour les citer tous dans un réquisitoire comme celui qui précède (chapitres 2 à 6). En voici quelques perles (que vous pourriez, pour apprivoiser toutes ces idées, jouer à placer vous-même au bon endroit dans le réquisitoire).

Souveraineté et démocratie

« Dans une démocratie, tous les habitants qui sont fils de citoyens, tous, ceux qui sont nés sur le sol national, ont rendu service à l'État, ou doivent, pour toute autre raison, bénéficier du droit de citoyenneté, tous – je le répète – peuvent se fonder sur la loi pour réclamer le droit de vote à l'assemblée suprême et pour poser leur candidature aux différentes charges » (Baruch Spinoza, *Tractatus politicus*, 1677, chap. II, § 1).

*

« C'est une loi fondamentale de la démocratie que le peuple fasse les lois » (Montesquieu, *De l'esprit des lois*, 1748, livre II, chap. II.)

*

« Le pouvoir doit être bien distingué des fonctions ; la nation délègue en effet les diverses fonctions publiques ; mais le pouvoir ne peut être aliéné ni délégué. Si l'on pouvait déléguer ces pouvoirs en détail, il s'ensuivrait que la souveraineté pourrait être déléguée. » (Maximilien Robespierre, « Notes manuscrites en marge du projet de Constitution française de 1791 », in-4°, 59 p.).

*

« La souveraineté ne peut être représentée, par la même raison qu'elle peut être aliénée ; elle consiste essentiellement dans la volonté générale, et la volonté ne se représente point : elle est la même, ou elle est autre ; il n'y a point de milieu. Les députés du peuple ne sont donc ni ne peuvent être ses représentants, ils ne sont que ses commissaires ; ils ne peuvent rien conclure définitivement. Toute loi que le peuple en personne n'a pas ratifiée est nulle ; ce n'est point une loi. Le peuple anglais pense être libre, il se trompe fort ; il ne l'est que durant l'élection des membres du Parlement : sitôt qu'ils sont élus, il est esclave, il n'est rien. Dans les courts moments de sa liberté, l'usage qu'il en fait mérite bien qu'il la perde » (Jean-Jacques Rousseau, *Du contrat social* (1762), livre III, chap. XV).

*

« Je ne connais pas d'autre dépositaire sûr du pouvoir suprême dans une société que le peuple lui-même, et si nous ne le pensons pas suffisamment compétent pour exercer son contrôle librement,

le remède ne consiste pas à le lui retirer, mais à l'instruire »
(Thomas Jefferson, « Lettre à William Jarvis », 1820).

*

« Démocratie : sorte de gouvernement où le peuple a toute
l'autorité. La démocratie n'a été florissante que dans les républiques de Rome et d'Athènes » (Antoine Furetière, *Dictionnaire
universel*, 1690).

*

« Le démocrate après tout est celui qui admet qu'un adversaire
peut avoir raison, qui le laisse donc s'exprimer et qui accepte
de réfléchir à ses arguments. Quand des partis ou des hommes
se trouvent assez persuadés de leurs raisons pour accepter de
fermer la bouche de leurs contradicteurs par la violence, alors la
démocratie n'est plus » (Albert Camus, extrait de « Démocratie
et Modestie », in *Combat*, février 1947).

*

« Pour les deux auteurs [Montesquieu et Rousseau], le concept
de démocratie, appréhendé à partir de l'idée de souveraineté,
implique que le peuple soit lui-même législateur et magistrat,
qu'il exerce donc à la fois le pouvoir exécutif et le pouvoir législatif » (Pierre Rosanvallon, « Histoire du mot démocratie », *in*
Pierre Rosanvallon, Pierre Manent, Marcel Gauchet, *Situations
de la démocratie*, Paris, Seuil, 1993, p. 12).

*

« Dans les États qui juxtaposent à la puissance législative des
Chambres la possibilité de demandes populaires de référendums,
c'est le peuple qui monte au rang suprême par l'acquisition du
pouvoir de prononcer le rejet ou l'adoption définitive des décisions
parlementaires. Du coup, le Parlement se trouve ramené au rang

de simple autorité : il ne représente plus la volonté générale que pour chercher et proposer l'expression qu'il convient de donner à celle-ci ; il ne remplit ainsi qu'office de fonctionnaire. Le véritable souverain c'est alors le peuple » (Raymond Carré de Malberg, dans un article de 1931 : « Référendum d'initiative populaire », cité dans Marion Paoletti, *La démocratie locale et le référendum*, Paris, L'Harmattan, « Logiques politiques », 1997, p. 89).

*

« Un peuple est d'autant plus démocratique que la délibération, que la réflexion, que l'esprit critique, jouent un rôle plus considérable dans la marche des affaires publiques. Il l'est d'autant moins que l'inconscience, les habitudes inavouées, les sentiments obscurs, les préjugés en un mot soustraits à l'examen, y sont au contraire prépondérants » (Émile Durkheim, *Leçons de sociologie : physique des mœurs et du droit*, Paris, PUF, 1950, p. 123).

*

« Le régime démocratique ne peut être conçu, créé et soutenu que par des hommes qui savent qu'ils ne savent pas tout. Le démocrate est modeste, il avoue une certaine part d'ignorance, il reconnaît le caractère en partie aventureux de son effort et que tout ne lui est pas donné, et à partir de cet aveu, il reconnaît qu'il a besoin de consulter les autres, de compléter ce qu'il sait » (Albert Camus, extrait de « Réflexions sur une démocratie sans catéchisme », in *La Gauche*, juillet 1948).

*

« Nous avons conquis le suffrage universel, il nous reste à conquérir la souveraineté populaire » (Jean Jaurès).

*

Par la **subsidiarité**, le souverain protège sa souveraineté :

• **soit par le haut,** comme le pape dont la doctrine sociale décide qu'un dirigeant ne doit pas faire ce que ses subordonnés peuvent faire eux-mêmes,

• **soit par le bas,** comme les cantons suisses qui exigent de voter eux-mêmes toutes les lois qu'ils peuvent voter et de ne déléguer au niveau supérieur que ce qu'ils doivent rationnellement déléguer.

« Au lieu de "La souveraineté politique réside dans la nation" je proposerais "La légitimité est constituée par le libre consentement du peuple à l'ensemble des autorités auxquelles il est soumis". Cela au moins, il me semble, veut dire quelque chose. » (Simone Weil, « Remarques sur le nouveau projet de constitution » dans *Écrits de Londres*, p 87.

Nécessaire vigilance des citoyens et indispensables contrôles des pouvoirs en démocratie

« Le gouvernement représentatif devient bientôt le plus corrompu des gouvernements si le peuple cesse d'inspecter ses représentants. Le problème des Français, c'est qu'ils donnent trop à la confiance, et c'est ainsi qu'on perd la liberté. Il est vrai que cette confiance est infiniment commode : elle dispense du soin de veiller, de penser et de juger » (Madame Roland, 1789).

*

« Apprenez donc que, hors ce qui concerne la discipline militaire, c'est-à-dire le maniement et la tenue des armes, les exercices et les évolutions, la marche contre les ennemis des lois et de l'État, les soldats de la patrie ne doivent aucune obéissance à leurs chefs ; que loin de leur être soumis, ils en sont les arbitres ; que leur devoir de citoyen les oblige d'examiner les ordres qu'ils en reçoivent, d'en peser les conséquences, d'en prévenir les suites. Ainsi lorsque ces ordres sont suspects, ils doivent rester dans l'inaction ; lorsque ces ordres blessent les droits de l'homme, ils doivent y opposer un refus formel ; lorsque ces ordres mettent en danger la liberté publique, ils doivent en punir les auteurs ; lorsque ces ordres attentent à la patrie, ils doivent tourner leurs armes contre leurs officiers. Tout serment contraire à ces devoirs sacrés est un sacrilège qui doit rendre odieux celui qui l'exige, et méprisable celui qui le prête » (Jean-Paul Marat, *L'Ami du peuple*, 8 juillet 1790).

*

« Les chances de l'erreur sont bien plus nombreuses encore, lorsque le peuple délègue l'exercice du pouvoir législatif à un petit nombre d'individus ; c'est-à-dire, lorsque c'est seulement par fiction que la loi est l'expression de la volonté générale. [...] Sous le gouvernement représentatif, surtout, c'est-à-dire quand ce n'est point le peuple qui fait les lois, mais un corps de représentants, l'exercice de ce droit sacré [la libre communication des pensées entre les citoyens] est la seule sauvegarde du peuple contre le fléau de l'oligarchie. Comme il est dans la nature des choses que les représentants peuvent mettre leur volonté particulière à la place de la volonté générale, il est nécessaire que la voix de l'opinion publique retentisse sans cesse autour d'eux, pour balancer la puissance de l'intérêt personnel et les passions individuelles ; pour leur rappeler, et le but de leur mission et le principe de leur autorité » (Maximilien Robespierre, *Le Défenseur de la Constitution*, n° 5, « Sur le respect dû aux lois et aux autorités constituées » (juin 1792), in *Œuvres de Maximilien Robespierre*, Publication de la Société des études robespierristes, Phénix Éditions, 2000, tome IV, p. 145-146).

*

« Quels que soient les noms des fonctionnaires publics et les formes extérieures du gouvernement, dans tout État où le

62

souverain ne conserve aucun moyen de réprimer l'abus que ses délégués font de sa puissance et d'arrêter leurs attentats contre la constitution de l'État, la nation est esclave, puisqu'elle est abandonnée absolument à la merci de ceux qui exercent l'autorité. Et comme il est dans la nature des choses que les hommes préfèrent leur intérêt personnel à l'intérêt public lorsqu'ils peuvent le faire impunément, il s'ensuit que le peuple est opprimé toutes les fois que ses mandataires sont absolument indépendants de lui.

Si la nation n'a point encore recueilli les fruits de la révolution, si des intrigants ont remplacé d'autres intrigants, si une tyrannie légale semble avoir succédé à l'ancien despotisme, n'en cherchez point ailleurs la cause que dans le privilège que se sont arrogé les mandataires du peuple de se jouer impunément des droits de ceux qu'ils ont caressés bassement pendant les élections » (Maximilien Robespierre, *Sur la déchéance du roi et le renouvellement de la législature – Des maux et des ressources de l'État*, Société des Amis de la Constitution, discours du 29 juillet 1792).

*

« Dans toute magistrature, il faut compenser la grandeur de la puissance par la brièveté de sa durée. Un an est le temps que la plupart des législateurs ont fixé ; un temps plus long serait dangereux, un plus court serait contre la nature de la chose » (Montesquieu, *De l'esprit des lois*, livre II : « Des lois qui dérivent directement de la nature du gouvernement », chapitre III : « Des lois relatives à la nature de l'aristocratie »).

*

« Le droit qu'ont les citoyens de s'assembler où il leur plaît, et quand il leur plaît, pour s'occuper de la chose publique, est inhérent à tout peuple libre. Sans ce droit sacré, l'État est dissous, et le souverain est anéanti ; car, dès que les citoyens ne peuvent plus se montrer en corps, il ne reste dans l'État

63

que des individus isolés ; la nation n'existe plus. On voit avec quelle adresse les pères conscrits ont anéanti la souveraineté du peuple, tout en ayant l'air d'assurer la liberté individuelle. En Angleterre, toute assemblée paisible est licite : la loi ne défend que les attroupements séditieux. Voilà la liberté » (Jean-Paul Marat, 16-17 août 1792).

*

« Tout pouvoir est méchant dès qu'on le laisse faire ; tout pouvoir est sage dès qu'il se sent jugé [...] La démocratie n'est pas dans l'origine populaire du pouvoir, elle est dans son contrôle. La démocratie, c'est l'exercice du contrôle des gouvernés sur les gouvernants. Non pas une fois tous les cinq ans, ni tous les ans, mais tous les jours [...] La liberté réelle suppose une organisation constamment dirigée contre le pouvoir. La liberté meurt si elle n'agit point » (Alain, *Propos de politique*, 1934).

*

« L'important est de construire chaque jour une petite barricade, ou, si l'on veut, de traduire tous les jours quelque roi devant le tribunal populaire. Disons encore qu'en empêchant chaque jour d'ajouter une pierre à la Bastille, on s'épargne la peine de la démolir » (Alain, 1925).

*

« L'homme ne risque pas de s'endormir dans un monde totalitaire mais de se réveiller dans un univers qui l'est devenu durant son sommeil » (Arthur Koestler).

*

« Ce qui est bien connu en général est, pour cette raison qu'il est bien connu, non connu. Dans le processus de la connaissance, le moyen le plus commun de se tromper, soi et les autres,

64

est de présupposer quelque chose comme connu et de l'accepter comme tel. » (G. F. Hegel, *Phénoménologie de l'esprit*).

*

« Tout pouvoir est méchant dès qu'on le laisse faire ; tout pouvoir est sage dès qu'il se sent jugé. » (Émile Chartier dit « Alain », *Propos*, 25 janvier 1930).

Projets antidémocratiques des pères fondateurs du gouvernement représentatif

« Si la foule gouvernée peut se croire l'égale du petit nombre qui gouverne, alors il n'y a plus de gouvernement. Le pouvoir doit être hors de portée de la compréhension de la foule des gouvernés. L'autorité doit être constamment gardée au-dessus du jugement critique à travers les instruments psychologiques de la religion, du patriotisme, de la tradition et du préjugé […] Il ne faut pas cultiver la raison du peuple mais ses sentiments, il faut donc les diriger et former son cœur non son esprit. » (Joseph de Maistre, « Étude sur la souveraineté », in *Œuvres complètes*, Lyon, 1891-1892, tome 1, p. 354 et suiv., cité dans Fabrice Arfi, *Le sens des affaires. Voyage au bout de la corruption*, Paris, Calmann-Lévy, 2014, p. 71).

*

« Quelque heureux que puissent être les changements survenus dans l'État, ils sont tous pour le riche : le ciel fut toujours d'airain pour le pauvre, et le sera toujours […] Qu'aurons-nous gagné à détruire l'aristocratie des nobles, si elle est remplacée par l'aristocratie des riches ? » (Jean-Paul Marat (1790), cité par Jean Massin, *Jean-Paul Marat*, Livre Club Diderot, 1975, p. 28).

*

« C'est la philosophie d'un gueux qui voudrait que les riches fussent dépouillés par les pauvres » (Voltaire, à propos du *Discours sur l'origine des inégalités parmi les hommes* de Jean-Jacques Rousseau, cité par Henri Guillemin).

*

« Il est fort bon de faire accroire aux hommes qu'ils ont une âme immortelle et qu'il y a un Dieu vengeur qui punira mes paysans s'ils me volent mon blé et mon vin » (Voltaire, cité par Henri Guillemin, *Éclaircissements*, Paris, Gallimard, 1961).

*

« Je crois que nous ne nous entendons pas sur l'article du peuple, que vous croyez digne d'être instruit. J'entends par peuple la populace, qui n'a que ses bras pour vivre. Je doute que cet ordre de citoyens ait jamais le temps ni la capacité de s'instruire; ils mourraient de faim avant de devenir philosophes. Il me paraît essentiel qu'il y ait des gueux ignorants. Si vous faisiez valoir comme moi une terre, et si vous aviez des charrues, vous seriez bien de mon avis. Ce n'est pas le manœuvre qu'il faut instruire, c'est le bon bourgeois, c'est l'habitant des villes ; [...] Quand la populace se mêle de raisonner, tout est perdu » (Voltaire, « Lettre à M. Damillaville », 1er avril 1766, dans *Œuvres de Voltaire*, Paris, éd. Lefèvre, 1828, tome 69, p. 131).

*

« Théoricien de la puissance étatique, Carré de Malberg a montré d'une façon définitive comment le phénomène du pouvoir – qu'aujourd'hui la science politique s'efforce de cerner dans la diversité de ses manifestations brutes – trouve dans l'État son expression parfaite. L'État n'est pas seulement le lieu de la domination ; il est aussi l'appareil qui permet de la contrôler car, par la constitution, il impose un statut aux gouvernants. Ce statut définit en même temps la finalité et les modalités de leur action, d'où la thèse soutenue par Carré de Malberg quant à l'autolimitation de l'État. Encore faut-il cependant que la constitution soit l'œuvre du peuple et que les gouvernants ne soient pas libres d'en donner une interprétation favorable à leur volonté de puissance. C'est précisément la méconnaissance de ces conditions, volontairement entretenue depuis 1791 par le personnel politique français, qui a conduit au régime de la IIIe République où le Parlement a substitué sa propre souveraineté à celle de la nation. La loi, expression de la volonté générale, apporte la démonstration de cette escroquerie intellectuelle. Il en révèle l'origine (une définition falsifiée de la volonté générale), il en décrit l'instrument (une conception partiale de la représentation) ; il en expose les conséquences, (une théorie de la légalité qui a pour effet de subordonner toutes les autorités étatiques à la volonté arbitraire du Parlement). La démonstration met en cause la quasi-totalité de l'ordonnancement constitutionnel de notre pays et, de ce fait, l'œuvre que l'on va lire n'est pas simplement consacrée à un problème spécifique et limité ; elle est un véritable traité de droit public français. Un traité qui, par la richesse de son information, la rigueur de sa construction et la perfection de son style, constitue une source irremplaçable de connaissance en même temps qu'une joie pour l'esprit » (Georges Burdeau, Préface à Raymond Carré de Malberg, *La Loi, expression de la volonté générale*, 1931, rééd. Paris, Economica, « Classiques », 1984).

*

« Nos contemporains sont incessamment travaillés par deux passions ennemies : ils sentent le besoin d'être conduits et l'envie de rester libres. Ne pouvant détruire ni l'un ni l'autre de ces instincts contraires, ils s'efforcent de les satisfaire à la fois tous les deux. Ils imaginent un pouvoir unique, tutélaire, tout-puissant, mais élu par les citoyens. Ils combinent la centralisation et la souveraineté du peuple. Cela leur donne quelque relâche. Ils se consolent d'être en tutelle, en songeant qu'ils ont eux-mêmes choisi leurs tuteurs. Chaque individu souffre qu'on l'attache, parce qu'il voit que ce n'est pas un homme ni une classe, mais le peuple lui-même, qui tient le bout de la chaîne. Dans ce système, les citoyens sortent un moment de la dépendance pour indiquer leur maître, et y rentrent » (Alexis de Tocqueville, *De la démocratie en Amérique*, tome II, quatrième partie, chapitre VI).

*

« L'éducation de masse fut conçue pour transformer les fermiers indépendants en instruments de production dociles et passifs. C'était son premier objectif. Et ne pensez pas que les gens n'étaient pas au courant. Ils le savaient et l'ont combattu. Il y eut beaucoup de résistance à l'éducation de masse pour cette raison. C'était aussi compris par les élites. Emerson a dit une fois quelque chose sur la façon dont on les éduque pour les empêcher de nous sauter à la gorge. Si vous ne les éduquez pas, ce qu'on appelle l'éducation, ils vont prendre le contrôle – ils, étant ce qu'Alexander Hamilton appelait "la Grande Bête", c'est-à-dire le peuple. La poussée antidémocratique de l'opinion dans ce qui est appelé les sociétés démocratiques est tout bonnement féroce » (Noam Chomsky).

Le mensonge comme arme centrale des politiciens de métier, les pires gouverneront

« Les gouvernements protègent et récompensent les hommes à proportion de la part qu'ils prennent à l'organisation du mensonge » (Léon Tolstoï).

*

« Il faut mentir comme un diable, non pas timidement, non pas pour un temps, mais hardiment et toujours. Mentez, mes amis, mentez, je vous le rendrai un jour » (Voltaire « Lettre à Thiriot », 21 octobre 1736).

*

« Il y a ce qu'on dit et il y a ce qu'on fait. Il y a un vocabulaire à attraper, et il est facile avec quelques mots – liberté et indépendance nationale – de se faire écouter des imbéciles » (Bonaparte, automne 1795, cité par Henri Guillemin, conférence télévisée n° 3/15 sur Napoléon, « Un militaire abusif »).

*

« Il faut parler paix et agir guerre » (Bonaparte, cité par Henri Guillemin).

*

« Bien analysée, la liberté politique est une fable convenue, imaginée par les gouvernants pour endormir les gouvernés » (Napoléon, cité dans *L'Esprit de Napoléon : Pensées et maximes tirées de ses écrits*, Collection XIX, 2016).

*

« Les hommes sont comme les lapins : ils s'attrapent par les oreilles » (Mot attribué à Mirabeau – qui en connaissait un rayon).

*

« La manipulation consciente et intelligente des opinions et des habitudes organisées des masses joue un rôle important dans les sociétés démocratiques. Ceux qui manipulent ce mécanisme social imperceptible d'un gouvernement invisible dirigent véritablement le pays » Edward Bernays, *Propaganda*, 1928).

*

« Par le temps qui court, chacun a la prétention d'être démocrate sans même en exempter ceux qui, par intérêt ou par préjugé, sont les ennemis les plus implacables de toute démocratie. Le banquier qui s'est enrichi dans les sales tripotages de la Bourse, et l'orateur subventionné qui monte à la tribune prétendument nationale pour y défendre les plus révoltants monopoles, se disent démocrates ; le journal qui chaque jour se fait l'écho des déclamations aristocratiques et qui se tourne avec le plus de fureur contre la liberté et l'égalité se dit démocrate » (Albert Laponneraye, *Lettre aux Prolétaires* (1833), cité par Pierre Rosanvallon dans son article de 1993 sur les origines du mot démocratie).

*

« C'est principalement, sinon exclusivement, par le don oratoire que les chefs ont réussi, à l'origine du mouvement ouvrier, à gagner leur suprématie sur les masses. Il n'est pas de foule qui soit capable de se soustraire au pouvoir esthétique et émotif de la parole. La beauté du discours suggestionne la masse, et la suggestion la livre sans résistance à l'influence de l'orateur. Or, ce qui caractérise essentiellement la démocratie, c'est précisément la facilité avec laquelle elle succombe à la magie du verbe. Dans le régime démocratique, les chefs nés sont orateurs et journalistes. [ ] Dans les États démocratiques règne la conviction que seul le don de la parole rend apte à diriger les affaires publiques. On peut en dire autant, et d'une façon encore plus absolue, des grands partis démocratiques » (Robert Michels, *Les Partis politiques. Essai sur les tendances oligarchiques des démocraties*, 1911).

*

« [Jacques Ellul] qui déjà dans la première moitié du siècle dernier enseignait que le fondement de la légitimation juridique du pouvoir politique (la volonté populaire exprimée par le vote) est une chimère objectivement irréalisable, un mythe ridicule mais bien utile pour gouverner, et bien connu comme tel dans les milieux politiques et sociologiques. La réalité des systèmes démocratiques n'est pas dans la volonté d'une base guidant les décisions du sommet, mais dans la volonté du sommet de produire du consensus, c'est-à-dire l'acquiescement de la base à ses décisions, et ceci notamment grâce à la manipulation de l'information (censures, distorsions) » (Jacques Ellul, cité par Marco Della Luna et Paolo Cioni, *Neuro-esclaves. Techniques et psychopathologies de la manipulation politique, économique et religieuse*, Macro Éditions, Cesena (Italie), 2011).

*

« Par le moyen de méthodes toujours plus efficaces de manipulation mentale, les démocraties changeront de nature. Les vieilles formes pittoresques – élections, parlements, hautes cours de justice – demeureront, mais la substance sous-jacente sera une nouvelle forme de totalitarisme "non violent". Toutes les appellations traditionnelles, tous les slogans consacrés, resteront exactement ce qu'ils étaient aux bons vieux temps. La démocratie et la liberté seront les thèmes de toutes les émissions […] et de tous les éditoriaux, mais […] l'oligarchie au pouvoir et son élite hautement qualifiée de soldats, de policiers, de fabricants de pensée, de manipulateurs mentaux, mènera tout et tout le monde comme bon lui semblera » Aldous Huxley, *Retour au meilleur des mondes*, 1958).

*

« Le langage politique est conçu pour donner aux mensonges des airs de vérité, rendre le meurtre respectable, et faire passer pour solide ce qui n'est que du vent » (George Orwell).

*

« Bien sûr, le peuple ne veut pas la guerre. C'est naturel et on le comprend. Mais après tout, ce sont les dirigeants du pays qui décident des politiques. Qu'il s'agisse d'une démocratie, d'une dictature fasciste, d'un Parlement ou d'une dictature communiste, il sera toujours facile d'amener le peuple à suivre. Qu'il ait ou non droit de parole, le peuple peut toujours être amené à penser comme ses dirigeants. C'est facile. Il suffit de lui dire qu'il est attaqué, de dénoncer le manque de patriotisme des pacifistes et d'assurer qu'ils mettent le pays en danger. Les techniques restent les mêmes, quel que soit le pays » (Hermann Goering, durant le procès de Nuremberg en 1946).

*

« Le politique s'efforce à dominer l'opinion... Aussi met-il tout son art à la séduire, dissimulant suivant l'heure, n'affirmant qu'opportunément [...] Enfin, par mille intrigues et serments, voici qu'il l'a conquise : elle lui donne le pouvoir. À présent, va-t-il agir sans feindre ? Mais non ! Il lui faut plaire encore, convaincre le prince ou le Parlement, flatter les passions, tenir en haleine les intérêts » (Charles de Gaulle).

Pertinence de l'opinion (et nécessaire participation) des simples citoyens

« Il y a avantage pour une démocratie, au sens où on entend de nos jours la démocratie par excellence (je veux dire celle où le peuple est souverain même des lois) à faire, pour que l'instance délibérative fonctionne mieux, ce qu'on fait pour les tribunaux dans les oligarchies (on inflige une amende pour faire siéger ceux qu'on veut voir siéger, tandis que les régimes populaires donnent un salaire aux gens modestes (pour qu'ils siègent) ; et aussi à faire de même en ce qui concerne les assemblées. La délibération sera, en effet, meilleure si tous délibèrent en commun, le peuple avec les notables, ceux-ci avec la masse » (Aristote, *Politique* IV, 14, 1298-b).

*

« Allons-nous oublier […] que l'on tire meilleur parti d'une ignorance associée à une sage pondération que d'une habileté jointe à un caractère capricieux, et qu'en général les cités sont mieux gouvernées par les gens ordinaires que par les hommes d'esprit plus subtil ? Ces derniers veulent toujours paraître plus intelligents que les lois […]. Les gens ordinaires au contraire […] ne prétendent pas avoir plus de discernement que les lois. Moins habiles à critiquer l'argumentation d'un orateur éloquent, ils se laissent guider, quand ils jugent des affaires, par le sens commun et non par l'esprit de compétition. C'est ainsi que leur politique a généralement des effets heureux » (Thucydide, *La Guerre du Péloponnèse*, II, 37, in *Œuvres complètes*, Paris, Gallimard, « Bibliothèque de la Pléiade », 1964, cité par Yves Sintomer, *Le pouvoir au peuple. Jurys citoyens, tirage au sort et démocratie participative*, Paris, La Découverte, 2007, p. 47).

*

« Otanès, d'abord, demanda qu'on remît au peuple perse le soin de diriger ses propres affaires. À mon avis, déclara-t-il, le pouvoir ne doit plus appartenir à un seul homme parmi nous : ce régime n'est ni plaisant ni bon. […] Comment la monarchie serait-elle un gouvernement équilibré quand elle permet à un homme d'agir à sa guise, sans avoir de comptes à rendre ? Donnez ce pouvoir à l'homme le plus vertueux qui soit, vous le verrez bientôt changer d'attitude. Sa fortune nouvelle engendre en lui un orgueil sans mesure, et l'envie est innée dans l'homme : avec ces deux vices il n'y a plus en lui que perversité ; il commet follement des crimes sans nombre, soûl tantôt d'orgueil, tantôt d'envie. Un tyran, cependant, devrait ignorer l'envie, lui qui

73

a tout, mais il est dans sa nature de prouver le contraire à ses concitoyens. Il éprouve une haine jalouse à voir vivre jour après jour les gens de bien ; seuls les pires coquins lui plaisent, il excelle à accueillir la calomnie. Suprême inconséquence : gardez quelque mesure dans vos louanges, il s'indigne de n'être pas flatté bassement ; flattez-le bassement, il s'en indigne encore comme d'une flagornerie. Mais le pire, je vais vous le dire : il renverse les coutumes ancestrales, il outrage les femmes, il fait mourir n'importe qui sans jugement. Au contraire, le régime populaire (*archon plèthos*) porte le plus beau nom qui soit : égalité (*isonomia*) ; en second lieu, il ne commet aucun des excès dont un monarque se rend coupable : le sort distribue les charges, le magistrat rend compte de ses actes, toute décision y est portée devant le peuple. Donc voici mon opinion : renonçons à la monarchie et mettons le peuple au pouvoir, car seule doit compter la majorité » (Hérodote, *L'Enquête*, v. 445 av. J.-C.).

*

« Notre Constitution est appelée démocratie parce que le pouvoir est entre les mains non d'une minorité, mais du peuple tout entier » (Attribué à Périclès, selon Thucydide).

*

« La manière la plus prompte de faire ouvrir les yeux à un peuple est de mettre individuellement chacun à même de juger par lui-même et en détail de l'objet qu'il n'avait jusque-là apprécié qu'en gros » (Machiavel, *Discours sur la première décade de Tite-Live*, livre I, chap. XLVII).

*

« On me demandera si je suis prince ou législateur pour écrire sur la politique. Je réponds que non, et que c'est pour cela que j'écris sur la politique. Si j'étais prince ou législateur,

74

je ne perdrais pas mon temps à dire ce qu'il faut faire ; je le ferais, ou je me tairais. Né citoyen d'un État libre, et membre du souverain, quelque faible influence que puisse avoir ma voix dans les affaires publiques, le droit d'y voter suffit pour m'imposer le devoir de m'en instruire : heureux, toutes les fois que je médite sur les gouvernements, de trouver toujours dans mes recherches de nouvelles raisons d'aimer celui de mon pays ! » (Jean-Jacques Rousseau, *Du contrat social* (1762), introduction au livre I).

*

« La liberté de tout dire n'a d'ennemis que ceux qui veulent se réserver la liberté de tout faire. Quand il est permis de tout dire, la vérité parle d'elle-même et son triomphe est assuré » (Jean-Paul Marat, *Les Chaînes de l'esclavage*).

*

« L'œuvre du législateur n'est point complète quand il a seulement rendu le peuple tranquille. Lors même que ce peuple est content, il reste encore beaucoup à faire. Il faut que les institutions achèvent l'éducation morale des citoyens. En respectant leurs droits individuels, en ménageant leur indépendance, en ne troublant point leurs occupations, elles doivent pourtant consacrer leur influence sur la chose publique, les appeler à concourir, par leurs déterminations et par leurs suffrages, à l'exercice du pouvoir, leur garantir un droit de contrôle et de surveillance par la manifestation de leurs opinions, et les formant de la sorte par la pratique à ces fonctions élevées, leur donner à la fois et le désir et la faculté de s'en acquitter » (Benjamin Constant, *De la liberté des Anciens comparée à celle des Modernes*, 1819).

Contre les inégalités

« Cette disposition à admirer, et presque à vénérer, les riches et les puissants, ainsi qu'à mépriser, ou du moins à négliger, les personnes pauvres et d'humble condition, quoique nécessaire à la fois pour établir et pour maintenir la distinction des rangs et de l'ordre de la société, est en même temps la cause la plus grande et la plus universelle de la corruption de nos sentiments moraux. Les moralistes de toutes les époques se sont plaints que la richesse et la grandeur soient souvent regardées avec le respect et l'admiration seulement dus à la sagesse et à la vertu ; et que le mépris, dont le vice et la folie sont les seuls objets convenables, soit souvent très injustement attaché à la pauvreté et à la faiblesse » (Adam Smith, *Théorie des sentiments moraux*, 1759).

*

« Voulez-vous donner à l'État de la consistance, rapprochez les degrés extrêmes autant qu'il est possible ; ne souffrez ni des gens opulents ni des gueux. Ces deux états, naturellement inséparables, sont également funestes au bien commun ; de l'un sortent les fauteurs de la tyrannie, et de l'autre les tyrans : c'est toujours entre eux que se fait le trafic de la liberté publique : l'un l'achète, et l'autre la vend » (Jean-Jacques Rousseau, *Du contrat social* (1762), livre II, chap. XI : « Des divers systèmes de législation »).

*

« Chez les nations commerçantes, les capitalistes et les rentiers faisant presque tous cause commune avec les traitants, les financiers et les agioteurs, les grandes villes ne renferment que deux classes de citoyens, dont l'une végète dans la misère, et dont l'autre regorge de superfluités : celle-ci possède tous les moyens d'oppression ; celle-là manque de tous les moyens de défense.

76

Ainsi, dans les républiques, l'extrême inégalité des fortunes met le peuple entier sous le joug d'une poignée d'individus » (Jean-Paul Marat, *Les Chaînes de l'esclavage*).

*

« Le raisonnement rend donc évident, semble-t-il, que la souveraineté d'une minorité ou d'une majorité n'est qu'un accident, propre soit aux oligarchies, soit aux démocraties, dû au fait que partout les riches sont en minorité et les pauvres en majorité. Aussi, la différence réelle qui sépare entre elles démocratie et oligarchie, c'est la pauvreté et la richesse ; et nécessairement, un régime où les dirigeants, qu'ils soient minoritaires ou majoritaires, exercent le pouvoir grâce à leur richesse est une oligarchie, et celui où les pauvres gouvernent, une démocratie » (Aristote, *Politique* III, 1279b34-1280a4, trad. fr. Aubonnet, cité par Moses I. Finley, *Démocratie antique et démocratie moderne*, 1972, p. 58).

*

« Maudit sois-tu, tu n'es qu'un lâche, comme le sont tous ceux qui acceptent d'être gouvernés par les lois que des hommes riches ont rédigées afin d'assurer leur propre sécurité. Ils nous font passer pour des bandits, ces scélérats, alors qu'il n'y a qu'une différence entre eux et nous, ils volent les pauvres sous couvert de la loi tandis que nous pillons les riches sous la protection de notre seul courage » (Charles Bellamy, cité par Marcus Rediker, *Pirates de tous les pays*, Montreuil, éd. Libertalia, 2008, rééd. en poche 2017).

Élections, ou comment élire des maîtres au lieu de voter les lois

« Les grands hommes appellent honte le fait de perdre et non celui de tromper pour gagner » (Nicolas Machiavel).

*

« Le peuple, soumis aux lois, en doit être l'auteur ; il n'appartient qu'à ceux qui s'associent de régler les conditions de la société » (Jean-Jacques Rousseau, *Du contrat social ou Principes du droit politique* (1762), livre II, chap. VI : « De la loi »).

*

« Dès qu'une fois un peuple a confié à quelques-uns de ses membres le dangereux dépôt de l'autorité publique et qu'il leur a remis le soin de faire observer les lois, toujours enchaîné par elles, il voit tôt ou tard sa liberté, ses biens, sa vie à la merci des chefs qu'il s'est choisis pour le défendre » (Jean-Paul Marat, *Les Chaînes de l'esclavage*).

*

« C'est un blasphème politique d'oser avancer que la nation, de qui émanent tous les pouvoirs, ne peut les exercer que par délégation ; ce qui la mettrait elle-même dans la dépendance, ou plutôt sous le joug de ses propres mandataires » (Jean-Paul Marat, 1791).

*

« Si les bourgeois ont pris les armes en 89, c'est avant tout par effroi des pauvres. La bourgeoisie s'est servie des pauvres dont elle avait besoin pour intimider la Cour et pour établir sa propre oligarchie. Et les nouveaux maîtres, la Législative, sont des faiseurs d'affaires pour qui la liberté c'est le privilège de s'enrichir sans obstacle » (Jean-Paul Marat, *L'Ami du peuple*, 20 novembre 1791, *in* Henri Guillemin dans *1789-1792 / 1792-1794, les deux Révolutions françaises*, Lacajunte (Landes), éd. Utovie, 2013, p. 110).

*

« Le parlement sous l'influence de la cour, ne s'occupera jamais du bonheur public. Ne concevez-vous pas que des intrigants qui ne doivent leur nomination qu'à l'or qu'ils ont semé, non contents de négliger vos intérêts, se font un devoir de vous traiter en vils mercenaires ? Cherchant à raccrocher ce qu'ils ont dépensé pour vous corrompre, ils ne feront usage des pouvoirs que vous leur avez remis, que pour s'enrichir à vos dépens, que pour trafiquer impunément de vos droits » (Jean-Paul Marat, *Les Chaînes de l'esclavage*).

*

« Les bulletins de vote, destinés à être emportés par le vent avec les promesses des candidats, ne valent pas mieux que des sagaies contre des canons. Pensez-vous, citoyens, que les gouvernants vous les laisseraient si vous pouviez vous en servir pour faire une révolution ? » (Louise Michel, *Prise de possession*, 1890).

*

« L'électeur est celui qui jouit du privilège sacré de voter pour l'homme choisi par un autre » (Ambrose Gwinnett Bierce, 1880).

*

« Aujourd'hui, le candidat s'incline devant vous, et peut-être trop bas ; demain, il se redressera et peut-être trop haut. Il mendiait les votes, il vous donnera des ordres. […] Le fougueux démocrate n'apprend-il pas à courber l'échine quand le banquier daigne l'inviter à son bureau, quand les valets des rois lui font l'honneur de l'entretenir dans les antichambres ? L'atmosphère de ces corps législatifs est malsaine à respirer ; vous envoyez vos mandataires dans un milieu de corruption ; ne vous étonnez pas s'ils en sortent corrompus […] Au lieu de confier vos intérêts à d'autres, défendez-les vous-mêmes ; agissez ! » (Élisée Reclus, « Lettre à Jean Grave », *Le Révolté*, 11 octobre 1885).

*

« Peut-on parler de suffrage universel sans rire ? Tous sont obligés de reconnaître que c'est une mauvaise arme [...] Votre vote, c'est la prière aux dieux sourds de toutes les mythologies, quelque chose comme le mugissement d'un bœuf flairant l'abattoir » (Louise Michel, *Prise de possession*, 1890).

*

« Quand on voit de près le suffrage universel et les gens qu'il nous donne, on a envie de mitrailler le peuple et de guillotiner ses représentants » (Guy de Maupassant, v. 1887).

*

« Paris ! Le Paris qui vote, la cohue, le peuple souverain tous les quatre ans... Le peuple suffisamment nigaud pour croire que la souveraineté consiste à se nommer des maîtres. Comme parqués devant les mairies, c'était des troupeaux d'électeurs, des hébétés, des fétichistes qui tenaient le petit bulletin par lequel ils disent : "J'abdique". [ ] Additionnez les bulletins blancs et comptez les bulletins nuls, ajoutez-y les abstentions, voix et silences qui normalement se réunissent pour signifier ou le dégoût ou le mépris. Un peu de statistique s'il vous plaît, et vous constaterez facilement que, dans toutes les circonscriptions, le monsieur proclamé frauduleusement député n'a pas le quart des suffrages. De là, pour les besoins de la cause, cette locution imbécile : Majorité relative – autant vaudrait dire que, la nuit, il fait jour relativement. Aussi bien l'incohérent, le brutal Suffrage Universel qui ne repose que sur le nombre – et n'a pas même pour lui le nombre – périra dans le ridicule » (Alphonse Gallaud de la Pérouse, dit Zo d'Axa, *Les Feuilles, il est élu*, 1900).

*

« Mais qu'est-ce en vérité qu'une élection ? L'expression de la volonté populaire, dit-on. Vraiment ? Nous entrons dans un isoloir, et sur un bout de papier, nous traçons une croix devant un, deux, peut-être trois ou quatre noms. Avons-nous pour autant exprimé ce que nous pensions de la politique des États-Unis ? Nous avons sans doute quelques idées sur la question, avec beaucoup de "mais" et de "si" et de "on". Cette croix sur un bout de papier n'en dit évidemment rien. Il nous faudrait des heures pour exprimer nos idées : qualifier un bulletin de vote d'expression de notre opinion n'est qu'une fiction vide de sens » (Walter Lippmann, 1927).

*

« Représenter signifie faire accepter comme étant la volonté de la masse ce qui n'est que volonté individuelle. Il est possible de représenter, dans certains cas isolés, lorsqu'il s'agit par exemple de questions ayant des contours nets et simples et lorsque, par surcroît, la délégation est de brève durée. Mais une représentation permanente équivaudra toujours à une hégémonie des représentants sur les représentés » (Robert Michels, *Les Partis politiques. Essai sur les tendances oligarchiques des démocraties*, 1911, p. 21).

*

« Beaucoup de formes de gouvernement ont été testées, et seront testées dans ce monde de péché et de malheur. Personne ne prétend que la démocratie est parfaite ou omnisciente. En effet, on a pu dire qu'elle était la pire forme de gouvernement à l'exception de toutes celles qui ont été essayées au fil du temps; mais il existe le sentiment, largement partagé dans notre pays, que le peuple doit être souverain, souverain de façon continue, et que l'opinion publique, exprimée par tous les moyens constitutionnels, devrait façonner, guider et contrôler les actions de

81

ministres qui en sont les serviteurs et non les maîtres. [...] Un groupe d'hommes qui a le contrôle de la machine et une majorité parlementaire a sans aucun doute le pouvoir de proposer ce qu'il veut sans le moindre égard pour le fait que le peuple l'apprécie ou non, ou la moindre référence à sa présence dans son programme de campagne. [...] Le parti adverse doit-il vraiment être autorisé à faire adopter des lois affectant le caractère même de ce pays dans les dernières années de ce Parlement sans aucun appel au droit de vote du peuple, qui l'a placé là où il est ? Non, Monsieur, la démocratie dit : "Non, mille fois non. Vous n'avez pas le droit de faire passer, dans la dernière phase d'une législature, des lois qui ne sont pas acceptées ni désirées par la majorité populaire. [...] » (Winston Churchill, discours du 11 novembre 1947).

*

« Bien avant que les électeurs allemands ne portent Hitler au pouvoir, quand Bonaparte (Napoléon III) eut assassiné la république, il proclama le suffrage universel. Quand le comte de Bismarck eut assuré la victoire des hobereaux prussiens, il proclama le suffrage universel. Dans les deux cas, la proclamation, l'octroi du suffrage universel scella le triomphe du despotisme. Cela seul devrait ouvrir les yeux aux amoureux du suffrage universel » (Wilhelm Liebknecht).

Arguments pour le tirage au sort

« Mais les constitutions changent même sans sédition, du seul fait d'intrigues, comme à Héraia où on remplaça les élections par le tirage au sort parce que c'étaient des intrigants qui se faisaient élire, ou du fait de la négligence quand on permet aux ennemis de la constitution de parvenir aux magistratures les plus importantes [...] » (Aristote, *Politique* livre V, chap. III, 1303a).

*

« Dans une démocratie, la volonté de limiter le pouvoir des magistrats s'associe avec celle de faire servir tout un chacun à son tour en qualité de magistrat. La rotation est assurée en partie par une multiplication des postes aussi grande que possible : si, par suite, une très large proportion de la population civique est destinée à exercer tôt ou tard une fonction, le tirage au sort est le moyen logique pour le réaliser. Même en démocratie, certaines charges, prestigieuses et avantageuses, sont plus convoitées : le tirage au sort assure que la question de savoir qui les obtiendra sera réglée par le hasard, alors que l'élection ouvre le champ aux querelles et, en dernière analyse, à la *stásis* [aux troubles civils] : les démocrates préféraient le tirage au sort parce qu'il prévenait la corruption et les divisions du corps civique » (Mogens Herman Hansen, *La Démocratie athénienne à l'époque de Démosthène, Structure, principes et idéologie*, Paris, Les Belles Lettres, 1993, p. 275, cité par Fabrice Wolff, *Qu'est-ce que la démocratie directe ? (Manifeste pour une comédie historique)*, Éditions Antisociales, 2010).

*

« Démocratie : forme de gouvernement où les charges se donnent au sort » (César-Pierre Richelet, *Dictionnaire français*, Genève, 1680).

*

« Le suffrage par le sort est de la nature de la démocratie ; le suffrage par choix est de celle de l'aristocratie. Le sort est une façon d'élire qui n'afflige personne ; il laisse à chaque citoyen une espérance raisonnable de servir sa patrie. Mais, comme il est défectueux par lui-même, c'est à le régler et à le corriger que les grands législateurs se sont surpassés. Solon établit à Athènes que l'on nommerait par choix à tous les emplois militaires, et que les sénateurs et les juges seraient élus par le sort. Il voulut que l'on donnât par choix les magistratures civiles qui exigeaient une grande dépense, et que les autres fussent données par le sort. Mais, pour corriger le sort, il régla qu'on ne pourrait élire que dans le nombre de ceux qui se présenteraient ; que celui qui aurait été élu serait examiné par des juges, et que chacun pourrait l'accuser d'en être indigne : cela tenait en même temps du sort et du choix. Quand on avait fini le temps de sa magistrature, il fallait essuyer un autre jugement sur la manière dont on s'était comporté. Les gens sans capacité devaient avoir bien de la répugnance à donner leur nom pour être tirés au sort » (Montesquieu, *De l'esprit des lois*, livre II, chapitre II).

*

« Il est difficile de concevoir comment des hommes qui ont entièrement renoncé à l'habitude de se diriger eux-mêmes pourraient réussir à bien choisir ceux qui doivent les conduire ; et l'on ne fera point croire qu'un gouvernement libéral, énergique et sage puisse jamais sortir des suffrages d'un peuple de serviteurs » (Alexis de Tocqueville, *De la démocratie en Amérique*, tome II, quatrième partie, chap. VI).

*

« Tous les conformismes, au sens large, sont par nature plus inconscients. De ce point de vue, le tirage au sort assure la diversité des choix et, plus encore que la neutralité, il s'agit là d'une forme générale d'impartialité et d'une source de richesse dans l'expression des personnalités et l'épanouissement des comportements. Au contraire, les règles de cooptation très élaborées et très codifiées poussent en général à uniformiser les choix » (Gil Delannoi, *Le retour du tirage au sort en politique*, Fondapol, 2010).

À propos du processus constituant

« Le peuple, quand il fait des magistrats, doit les créer de manière qu'ils aient tout lieu d'appréhender une sévère justice, s'ils venaient à abuser de leur pouvoir » (Nicolas Machiavel, *Discours sur la première décade de Tite-Live*, livre I, chap. XLI).

*

« Avant donc que d'examiner l'acte par lequel un peuple élit un roi, il serait bon d'examiner l'acte par lequel un peuple est peuple ; car cet acte, étant nécessairement antérieur à l'autre, est le vrai fondement de la société. En effet, s'il n'y avait point de convention antérieure, où serait, à moins que l'élection ne fût unanime, l'obligation pour le petit nombre de se soumettre au choix du grand ? et d'où cent qui veulent un maître ont-ils le droit de voter pour dix qui n'en veulent point ? La loi de la pluralité des suffrages est elle-même un établissement de convention et suppose au moins une fois l'unanimité » (Jean-Jacques Rousseau, *Du contrat social ou Principes du droit politique* (1762), livre I, chap. V : « Qu'il faut toujours remonter à une première convention »).

*

« Toute constitution, toute loi expire naturellement après une période de dix-neuf années. Maintenir leur empire passé ce terme, c'est un acte de force et non de droit » (Thomas Jefferson à James Madison, Paris, le 6 septembre 1789).

*

« La plupart des législateurs ont été des hommes bornés, que le hasard a mis à la tête des autres, et qui n'ont presque consulté que leurs préjugés et leurs fantaisies. Il semble qu'ils aient méconnu la grandeur et la dignité même de leur ouvrage : ils se sont amusés

85

à faire des institutions puériles, avec lesquelles ils se sont, à la vérité, conformés aux petits esprits, mais décrédités auprès des gens de bon sens. Ils se sont jetés dans des détails inutiles ; ils ont donné dans les cas particuliers ; ce qui marque un génie étroit qui ne voit les choses que par parties, et n'embrasse rien d'une vue générale. Quelques-uns ont affecté de se servir d'une autre langue que la vulgaire : chose absurde pour un faiseur de lois. Comment peut-on les observer, si elles ne sont pas connues? Ils ont souvent aboli sans nécessité celles qu'ils ont trouvées établies ; c'est-à-dire qu'ils ont jeté les peuples dans les désordres inséparables des changements. Il est vrai que, par une bizarrerie qui vient plutôt de la nature que de l'esprit des hommes, il est quelquefois nécessaire de changer certaines lois. Mais le cas est rare, et, lorsqu'il arrive, il n'y faut toucher que d'une main tremblante : on y doit observer tant de solennités et apporter tant de précautions que le peuple en conclue naturellement que les lois sont bien saintes, puisqu'il faut tant de formalités pour les abroger [...] » (Montesquieu, *Lettres persanes* (1721, rééd. 1754), lettre CXXIX « Usbek à Rhedi *à Venise* », Paris, Le Livre de Poche, 1967, p. 327 et suiv.)

*

« Ce qui est souverain, en fait, c'est la force, qui est toujours aux mains d'une petite fraction de la nation. Ce qui doit être souverain, c'est la justice. Toutes les constitutions politiques, républicaines et autres, ont pour unique fin – si elles sont légitimes – d'empêcher ou au moins de limiter l'oppression à laquelle la force incline naturellement. Et quand il y a oppression, ce n'est pas la nation qui est opprimée. C'est un homme, et un homme, et un homme. La nation n'existe pas ; comment serait-elle souveraine ? Ces formules vides ont fait trop de mal pour qu'on puisse leur être indulgent » (Simone Weil, « Remarques sur le nouveau projet de Constitution », in *Écrits de Londres et dernières lettres*, Paris, Gallimard, « Espoir », 1957).

*

« Tout homme qui a le pouvoir de brimer ou de tromper des hommes doit être obligé à prendre l'engagement de ne pas le faire » (Simone Weil, « Remarques sur le nouveau projet de constitution », in *Écrits de Londres et dernières lettres, op. cit.*).

Légitimité

« Le plus fort n'est jamais assez fort pour être toujours le maître, s'il ne transforme sa force en droit, et l'obéissance en devoir » (Jean-Jacques Rousseau, *Du contrat social,* livre I, chap. III : « Du droit du plus fort »).

*

« Qu'est-ce qui fait que l'État est un ? C'est l'union de ses membres. Et d'où naît l'union de ses membres ? De l'obligation qui les lie. Tout est d'accord jusqu'ici. Mais quel est le fondement de cette obligation ? Voilà où les auteurs se divisent. Selon les uns, c'est la force ; selon d'autres, l'autorité paternelle ; selon d'autres, la volonté de Dieu. Chacun établit son principe et attaque celui des autres : je n'ai pas moi-même fait autrement, et, suivant la plus saine partie de ceux qui ont discuté ces matières, j'ai posé pour fondement du corps politique la convention de ses membres, j'ai réfuté les principes différents du mien. Indépendamment de la vérité de ce principe, il l'emporte sur tous les autres par la solidité du fondement qu'il établit ; car quel fondement plus sûr peut avoir l'obligation parmi les hommes que le libre engagement de celui qui s'oblige ? On peut disputer tout autre principe [...] ; on ne saurait disputer celui-là » (Jean-Jacques Rousseau, *Lettres écrites de la montagne,* 1764, sixième lettre).

*

« Dans l'origine, les rois et les princes furent tous de simples chefs de brigands » (Jean-Paul Marat, *Les Chaînes de l'esclavage*).

*

« Il y a un paradoxe de la force, car la force c'est la peur en action, et la peur, elle est contagieuse : impossible de faire peur aux hommes sans finir par en avoir peur. C'est de cette loi de l'esprit humain que naît le plus grand tourment de la vie : la peur réciproque du pouvoir et de ses sujets. Pour combattre ce fléau, l'humanité n'a jusqu'à présent trouvé que deux remèdes : d'abord les philosophies et les religions mystiques ; ensuite, dans les derniers siècles, les principes de légitimité. En somme, un gouvernement légitime est un pouvoir qui s'est libéré de la peur, parce qu'il a appris à s'appuyer sur le consentement, actif ou passif, et à réduire en proportion l'emploi de la force » (Guglielmo Ferrero, *Pouvoir. Les génies invisibles de la cité* (1942, posthume), Paris, Le Livre de Poche, 1988).

Bien commun, intérêt général, besoin de controverses

« Est juste ce qui est approprié au bien commun » (Claude Rochet, d'après saint Thomas d'Aquin).

*

« Le critère du bien ne peut être que la vérité, la justice et, en second lieu, l'utilité publique. La démocratie, le pouvoir du plus grand nombre, ne sont pas des biens. Ce sont des moyens en vue du bien, estimés efficaces à tort ou à raison. Seul ce qui est juste est légitime » (Simone Weil, « Note sur la suppression générale des partis politiques », in *Écrits de Londres et dernières lettres, op. cit.*).

*

« Ce qu'il faut sauvegarder avant tout, ce qui est le bien inestimable conquis par l'homme à travers tous les préjugés, toutes les souffrances et tous les combats, c'est cette idée qu'il n'y a pas de vérité sacrée, c'est-à-dire interdite à la pleine investigation de l'homme ; c'est ce qu'il y a de plus grand dans le monde, c'est la liberté souveraine de l'esprit ; c'est qu'aucune puissance ou intérieure ou extérieure, aucun pouvoir, aucun dogme ne doit limiter le perpétuel effort et la perpétuelle recherche de la race humaine [ ] ; c'est que toute vérité qui ne vient pas de nous est un mensonge » (Christopher Hill, *La Révolution anglaise 1640*, Paris, Les Éditions de la Passion, 1993).

*

« Au Japon, au début du viie siècle, le prince bouddhiste Shokoto […] fut aussi l'initiateur d'une constitution relativement libérale ou Kempo, appelée la « constitution des 17 articles ». Tout à fait dans l'esprit de la Grande Charte (*Magna Carta*) signée six siècles plus tard en Angleterre, elle insistait sur le fait que les décisions relatives à des sujets d'importance ne devaient pas être prises par un seul. Elles devaient être discutées par plusieurs personnes. Cette constitution donnait aussi le conseil suivant : "Ne soyons pas portés à l'esprit de ressentiment lorsque les opinions d'autrui diffèrent des nôtres. Car tout homme a un cœur, et tout cœur a ses propres inclinations. Ce qui est juste pour les uns est faux pour les autres, et inversement » (Amartya Sen, *La démocratie des autres. Pourquoi la liberté n'est pas une invention de l'Occident*, Paris, Payot, « Manuels Payot », 2005, p. 32).

*

« Une conviction ne se renforce que si nous la nourrissons d'objections » (Nicolás Gómez Dávila, *Les Horreurs de la démocratie*, Monaco, Éditions du Rocher, 2003).

*

« Les mêmes qui lui ont ôté les yeux reprochent au peuple d'être aveugle » (John Milton, cité par Noam Chomsky, *La fabrication du consentement. De la propagande médiatique en démocratie*, Marseille, Agone, 2008).

Tyrannie

« L'accumulation de tous les pouvoirs, législatif, exécutif et judiciaire, dans les mêmes mains, soit d'un seul homme, soit de quelques-uns, soit de plusieurs, soit par l'hérédité, par la conquête, ou par l'élection, peut justement être considérée comme la véritable définition de la tyrannie » (James Madison, *Le Fédéraliste*, n° 47, 1er février 1788).

*

« Ainsi, le dernier coup que les princes portent à la liberté, c'est de violer les lois au nom des lois mêmes, de toutes les renverser, en feignant de les défendre, et de punir comme rebelle quiconque ose les défendre en effet : tyrannie la plus cruelle de toutes, en ce qu'elle s'exerce sous le manteau même de la justice » (Jean-Paul Marat, *Les Chaînes de l'esclavage*).

*

« Si dans l'intérieur d'un État vous n'entendez le bruit d'aucun conflit, vous pouvez être sûr que la liberté n'y est pas » (Montesquieu).

*

« Le despotisme, cette forme de gouvernement où personne n'est citoyen » (Montesquieu).

*

« Tout serait perdu, si le même homme, ou le même corps des principaux, ou des nobles, ou du peuple, exerçaient ces trois pouvoirs : celui de faire des lois, celui d'exécuter les résolutions publiques, et celui de juger les crimes ou les différends des particuliers » (Montesquieu, *De l'esprit des lois*, livre XI : « Des lois qui forment la liberté politique dans son rapport avec la constitution », chap. VI : « De la constitution d'Angleterre »).

*

« D'ailleurs les citoyens ne se laissent opprimer qu'autant qu'entraînés par une aveugle ambition, et regardant plus au-dessous qu'au-dessus d'eux, la domination leur devient plus chère que l'indépendance, et qu'ils consentent à porter des fers pour en pouvoir donner à leur tour. Il est très difficile de réduire à l'obéissance celui qui ne cherche point à commander et le politique le plus adroit ne viendrait pas à bout d'assujettir des hommes qui ne voudraient qu'être libres. Mais l'inégalité s'étend sans peine parmi les âmes ambitieuses et lâches, toujours prêtes à courir les risques de la fortune, et à dominer ou servir presque indifféremment selon qu'elle leur devient favorable ou contraire » (Jean-Jacques Rousseau, *Discours sur l'origine de l inégalité parmi les hommes* (1754), seconde partie, Paris, Éditions Garnier Frères, 1962, p. 87-88).

*

« Il faut qu'une constitution soit courte et obscure. Elle doit être faite de manière à ne pas gêner l'action du gouvernement » (Attribué à Napoléon Bonaparte).

*

« Tout chef sera un détestable tyran si on le laisse faire » (Alain).

*

« Les puissants n'ont pas d'intérêt plus vital que d'empêcher cette cristallisation des foules soumises, ou du moins, car ils ne peuvent pas toujours l'empêcher, de la rendre le plus rare possible. Qu'une même émotion agite en même temps un grand nombre de malheureux, ce qui arrive très souvent par le cours naturel des choses ; mais d'ordinaire cette émotion, à peine éveillée, est réprimée par le sentiment d'une impuissance irrémédiable. Entretenir ce sentiment d'impuissance, c'est le premier article d'une politique habile de la part des maîtres » (Simone Weil, « Méditation sur l'obéissance et la liberté », in *Oppression et Liberté* (1934), Paris, Gallimard, « Espoir », 1955).

*

« Les partis sont un merveilleux mécanisme, par la vertu duquel, dans toute l'étendue d'un pays, pas un esprit ne donne son attention à l'effort de discerner, dans les affaires publiques, le bien, la justice, la vérité [...] Par ce triple caractère, tout parti est totalitaire en germe et en aspiration. S'il ne l'est pas en fait, c'est seulement parce que ceux qui l'entourent ne le sont pas moins que lui » (Simone Weil, « Note sur la suppression générale des partis politiques », in *Écrits de Londres et dernières lettres*, *op. cit.*).

*

« Les noms mêmes des quatre ministères qui nous dirigent font ressortir une sorte d'impudence dans le renversement délibéré des faits. Le ministère de la Paix s'occupe de la guerre, celui de la Vérité, des mensonges, celui de l'Amour, de la torture, celui de l'Abondance, de la famine. Ces contradictions ne sont pas accidentelles, elles ne résultent pas non plus d'une hypocrisie ordinaire, elles sont des exercices délibérés de double pensée. Ce n'est en effet qu'en conciliant des contraires que le pouvoir peut être indéfiniment retenu. L'ancien cycle ne pouvait être brisé d'aucune autre façon. Pour que l'égalité humaine soit à jamais écartée, pour que les grands, comme nous les avons appelés, gardent perpétuellement leurs places, la condition mentale dominante doit être la folie dirigée » (George Orwell, *1984*).

8.
Conclusion
La belle surprise de Noël 2018 :
les « gilets jaunes » nous montrent
le chemin

Pendant quatorze ans (depuis 2005), j'ai lu dans toutes les directions tout ce qui touche aux pouvoirs, aux abus de pouvoir et aux institutions : histoire, droit, économie, philosophie politique, sociologie, anthropologie, de la Bible à nos jours, tout m'intéresse, pourvu que ça me donne des idées et des forces pour organiser la résistance des êtres humains à tous les systèmes de domination. J'essaie de comprendre comment on en est arrivé au monde injuste et violent qui est le nôtre, et comment on pourrait (réellement) améliorer la vie sur terre. Chaque fois que je déniche un livre, une thèse, une idée, un fait, une preuve, un intellectuel, un texte, une vidéo, ou tout document qui me semble utile pour comprendre les abus de pouvoir et y résister, je le signale sur mon site et on en parle ensemble. Ce sont ainsi des dizaines de milliers de liens que j'ai exposés à l'intérêt et à la critique des citoyens.

Pendant ces années, passionnantes, je me suis souvent surpris à penser que tout ça n'allait pas être suffisant, que les très riches allaient gagner la partie, simplement en accordant aux 99 % ce confort minimum qui nous endort tous, qui anesthésie notre conscience et notre combativité. Je trouvais la plupart des électeurs apathiques. C'est malin d'acheter les plus grands médias pour les contrôler, et pour distraire l'opinion des problèmes essentiels. Je désespérais de constater que les gens, décérébrés par la télé pub foot, se désintéressent complètement de leurs institutions.

Et puis les gouvernements successifs (de droite comme de gauche) ont amplifié leur politique « libérale », accéléré les « réformes » (régressions) et aggravé les maltraitances de façon indécente et exaspérante. Les riches qui vivent dans un luxe obscène ont commencé à s'attaquer à nos salaires et à nos retraites pour se goinfrer plus que jamais. Ces gouvernements des riches pour les riches ont imposé une liste longue comme un jour sans pain des mesures contraires à l'intérêt général…. Notre absence de réaction était à désespérer.

Et cet automne 2018, avec les « gilets jaunes », le désespoir s'est transformé en espoir : ce mouvement de révolte, unitaire, pacifique et radical, je l'ai rêvé pendant dix ans. Ces « gilets jaunes » font ce que nous devrions tous faire. Ils sont *exemplaires* à plusieurs titres :

Exemplaires, ils sortent de chez eux et ils refont société

D'abord, ceux qui souffrent sortent de chez eux et bravent le froid, la pluie et la nuit. Au lieu de rester enfermés, ils se retrouvent pour faire société. Ils s'aperçoivent alors qu'ils sont nombreux et leur honte se transforme en colère. Ils réfléchissent à leurs problèmes les plus graves, rond-point par rond-point, péage par péage. Qu'il pleuve ou qu'il fasse froid, les « gilets jaunes » font la fête, cuisinent leur tambouille et fabriquent des huttes, sont heureux de revenir au rond-point et de retrouver une nouvelle famille… Ils restent soudés, pacifistes, déterminés et imaginent un monde meilleur. Ils sortent et ils refont société. Ce sont des écoles civiques : la commune libre du péage du Pont de l'Étoile, la commune libre du rond-point de Saint-Clair-sur-Rhône, la commune libre du carrefour de La Bouilladisse… C'est exceptionnel, ce retour à l'esprit original de la commune : on doit réapprendre à gérer ensemble les communs.

Donc, premier point exemplaire : ils sortent de chez eux comme nous devrions sortir de chez nous et se retrouvent sur des lieux publics comme nous devrions nous retrouver sur des lieux publics, et ils y restent de façon opiniâtre comme nous devrions y rester de façon opiniâtre, malgré le froid, malgré le vent, malgré la pluie. C'est totalement inédit. D'habitude, les mouvements sociaux se passent au printemps et on rentre chez nous dès qu'il pleut.

Exemplaires, ils repensent les règles de la représentation avant de désigner leurs représentants

Et ce n'est pas tout : dégoûtés par des décennies de mensonges des politiciens, qu'ils soient de « gauche » ou de « droite » ou du « centre », complètement écœurés par les professionnels de la politique, ils arrivent sur les ronds-points avec une détestation de la représentation : *ils ne veulent pas de représentants*, ils ne veulent pas entendre parler de « politique ».

À mon avis, quand ils disent cela, ils parlent des « politiciens », et ils ne se rendent pas compte que leur mouvement est profondément politique au meilleur sens du terme : ils s'occupent (ce que nous devrions tous faire aussi) des décisions qu'il faudrait prendre pour le bien commun.

Notamment, *ils réfléchissent aux règles de la représentation AVANT de désigner des représentants* : sur notre rond-point, quels représentants voulons-nous ? Des maîtres ? Des serviteurs ? Hors contrôle ? Contrôlés (comment ?) et révocables à tout moment ? Quel(s) mandat(s) ? Quelles durées ? Renouvelables ? Ils y pensent pour leur rond-point, comme nous devrions y penser pour notre société, À vous aussi d'y penser, en adultes politiques.

Par exemple, voyez ce chantier constituant d'un lieu d'occupation de gilets jaunes à Tonneins (dpt 47) :

Proposition d'articles pour représenter un groupe plus ou moins vaste (rond-point ou région...) :	Vos propres idées (critiques et propositions) d'adulte politique :
Art. 1 :les porte-parole, appelés **mandataires**, sont **désignés librement** par chaque représenté (citoyen) qui dépose un nom (son propre nom s'il est candidat, ou sinon le nom d'un autre, candidat ou pas) dans un chapeau, d'où seront tirés au sort x mandataires.	
Art. 2 :les représentés (citoyens) donnent **mandat** de représentation aux mandataires et aux suppléants, pour une durée de x jours, **après une séance de préparation (briefing)** à l'issue de laquelle ils sont chargés d'une mission (soit voter à notre place, soit préparer notre vote) dont ils ne peuvent s'écarter (mandat impératif).	
Art. 3 :les mandataires et leurs suppléants **ne peuvent exercer leur représentation QUE filmés, enregistrés et diffusés en direct** par tous les moyens nécessaires.	
Art. 4 :les mandataires et leurs suppléants peuvent être r**évoqués immédiatement et à tout moment**, à la demande de x représentés (citoyens) **sur le site des RIC.**	
Art. 5 :en fin de mission, **les mandataires rendent des comptes** (débriefing) aux représentés (citoyens), qui peuvent ensuite leur donner **quitus (approbation) ou pas.**	

Exemplaires, ils tiennent absolument
à rester unitaires

Et ce n'est pas tout : les gilets jaunes savent très bien qu'il y a parmi eux des gens de gauche et de droite, et ils font très attention qu'on ne le dise pas, que personne n'ait un drapeau ou un étendard de gauche ou de droite à brandir. Ceci est à la fois historique et décisif. Premier point historique : c'est un mouvement UNITAIRE.

Ce qui empêche le peuple de gagner, ce sont les divisions, c'est la zizanie sur des sujets législatifs (par essence conflictuels : c'est normal et légitime de se disputer sur des sujets législatifs), sur des sujets sur lesquels nous sommes habitués à discuter alors que nous n'avons pourtant strictement aucun pouvoir de décision : ce n'est pas nous qui décidons, ce sont les élus. Nous avons l'habitude de nous disputer pour rien car, de toute façon, ce n'est pas nous qui décidons. L'idée centrale des « gilets jaunes », c'est : *pas de zizanie, restons unis.*

Exemplaires, ils réfléchissent d'abord à des doléances
importantes, mais principalement législatives

Dix jours leur ont suffi pour dresser une liste de doléances remarquables : plus de SDF, le système de Sécurité sociale pour tous, le smic à 1 300 euros… Des « doléances », ce sont des requêtes auprès d'un maître, des demandes formulées par un être inférieur auprès d'un être supérieur, parce que c'est ça finalement : il y a les êtres supérieurs qui sont « les élus » et les êtres inférieurs qui sont les électeurs. Habitués à cette situation de soumission, les électeurs, par rapport aux élus, comme tous les peuples du monde au moment où ils se révoltent, réclament des décisions de niveau *législatif* (qu'il est essentiel de distinguer du niveau *constituant*) telles que : « nous voulons de meilleurs salaires, nous voulons moins d'impôts, nous voulons moins de gaspillages, moins de privilèges des élus, moins de destruction des services publics, etc. »

**Liste des doléances des gilets jaunes
(novembre 2018) :**

• *Zéro SDF : URGENT.*
• *Davantage de progressivité dans l'impôt sur le revenu, c'est-à-dire davantage de tranches.*
• *smic à 1 300 euros net.*
• *Favoriser les petits commerces des villages et centres-villes. Cesser la construction des grosses zones commerciales autour des grandes villes qui tuent le petit commerce et davantage de parkings gratuits dans les centres-villes.*
• *Grand plan d'isolation des logements pour faire de l'écologie en faisant faire des économies aux ménages.*
• *Impôts : que les GROS (MacDo, Google, Amazon, Carrefour…) payent GROS et que les petits (artisans, TPE, PME) payent petit.*
• *Même système de Sécurité sociale pour tous (y compris artisans et auto-entrepreneurs). Fin du RSI.*
• *Le système de retraite doit demeurer solidaire et donc socialisé. Pas de retraite à points.*
• *Fin de la hausse des taxes sur le carburant.*
• *Pas de retraite en dessous de 1 200 euros.*
• *Tout représentant élu aura le droit au salaire médian. Ses frais de transports seront surveillés et remboursés s'ils sont justifiés. Droit aux tickets-restaurant et aux chèques-vacances.*
• *Les salaires de tous les Français ainsi que les retraites et les allocations doivent être indexés à l'inflation.*
• *Protéger l'industrie française : interdire les délocalisations. Protéger notre industrie, c'est protéger notre savoir-faire et nos emplois.*
• *Fin du travail détaché. Il est anormal qu'une personne qui travaille sur le territoire français ne bénéficie pas du même salaire et des*

mêmes droits. Toute personne étant autorisée à travailler sur le territoire français doit être à égalité avec un citoyen français et son employeur doit cotiser à la même hauteur qu'un employeur français.

- *Pour la sécurité de l'emploi : limiter davantage le nombre de CDD pour les grosses entreprises. Nous voulons plus de CDI.*
- *Fin du CICE. Utilisation de cet argent pour le lancement d'une industrie française de la voiture à hydrogène (qui est véritablement écologique, contrairement à la voiture électrique.)*
- *Fin de la politique d'austérité. On cesse de rembourser les intérêts de la dette qui sont déclarés illégitimes et on commence à rembourser la dette sans prendre l'argent des pauvres et des moins pauvres, mais en allant chercher les 80 milliards de fraude fiscale.*
- *Que les causes des migrations forcées soient traitées.*
- *Que les demandeurs d'asile soient bien traités. Nous leur devons le logement, la sécurité, l'alimentation ainsi que l'éducation pour les mineurs. Travaillez avec l'ONU pour que des camps d'accueil soient ouverts dans de nombreux pays du monde, dans l'attente du résultat de la demande d'asile.*
- *Que les déboutés du droit d'asile soient reconduits dans leur pays d'origine.*
- *Qu'une réelle politique d'intégration soit mise en œuvre. Vivre en France implique de devenir français (cours de langue française, cours d'histoire de France et cours d'éducation civique avec une certification à la fin du parcours).*
- *Salaire maximum fixé à 15 000 euros.*
- *Que des emplois soient créés pour les chômeurs.*
- *Augmentation des allocations handicapés.*
- *Limitation des loyers. Davantage de logements à loyers modérés (notamment pour les étudiants et les travailleurs précaires).*
- *Interdiction de vendre les biens appartenant à la France (barrage, aéroport…)*

- *Moyens conséquents accordés à la justice, à la police, à la gendarmerie et à l'armée. Que les heures supplémentaires des forces de l'ordre soient payées ou récupérées.*
- *L'intégralité de l'argent gagné par les péages des autoroutes devra servir à l'entretien des autoroutes et routes de France ainsi qu'à la sécurité routière.*
- *Le prix du gaz et de l'électricité ayant augmenté depuis qu'il y a eu privatisation, nous voulons qu'ils redeviennent publics et que les prix baissent de manière conséquente.*
- *Fin immédiate de la fermeture des petites lignes, des bureaux de poste, des écoles et des maternités.*
- *Apportons du bien-être à nos personnes âgées. Interdiction de faire de l'argent sur les personnes âgées. L'or gris, c'est fini. L'ère du bien-être gris commence.*
- *Maximum 25 élèves par classe de la maternelle à la terminale.*
- *Des moyens conséquents apportés à la psychiatrie.*
- *Le référendum populaire doit entrer dans la Constitution. Création d'un site lisible et efficace, encadré par un organisme indépendant de contrôle où les gens pourront faire une proposition de loi. Si cette proposition de loi obtient 700 000 signatures alors cette proposition de loi devra être discutée, complétée, amendée par l'Assemblée nationale qui aura l'obligation, (un an jour pour jour après l'obtention des 700 000 signatures) de la soumettre au vote de l'intégralité des Français.*
- *Retour à un mandat de 7 ans pour le président de la République. L'élection des députés deux ans après l'élection du président de la République permettait d'envoyer un signal positif ou négatif au président de la République concernant sa politique. Cela participerait donc à faire entendre la voix du peuple.*
- *Retraite à 60 ans et, pour toutes les personnes ayant travaillé dans un métier usant le corps (maçon ou désosseur par exemple), droit à la retraite à 55 ans.*

- *Un enfant de 6 ans ne se gardant pas seul, continuation du système des aides Pajemploi jusqu'à ce que l'enfant ait 10 ans.*
- *Favoriser le transport de marchandises par la voie ferrée.*
- *Pas de prélèvement à la source.*
- *Fin des indemnités présidentielles à vie.*
- *Interdiction de faire payer aux commerçants une taxe lorsque leurs clients utilisent la carte bleue. Taxe sur le fuel maritime et le kérosène.*

Source (par exemple) : http://www.gaucherepublicaine.org/respublica/les-revendications-des-gilets-jaunes-un-vrai-cahier-de-doleances/7402768

Leurs revendications sont bien formulées et elles sont (presque) toutes de niveau *législatif*, c'est-à-dire que, pour qu'elles soient satisfaites, il faut que nos maîtres y consentent et votent les lois correspondantes. Le problème universel, c'est que ces maîtres élus ne vont pas tout donner : eux qui nous ont précisément aussi mal servis jusqu'ici, ils ne vont évidemment pas se mettre à nous servir comme il faut à la première manifestation venue : ils vont satisfaire une ou deux doléances, mais certainement pas les quarante.

Apparition du RIC : une perle constituante au milieu d'une liste de doléances législatives

Et, point historique majeur, les « gilets jaunes » ne listent pas que des doléances. : Chaque fois qu'il y a des révoltes sur terre, les damnés de la terre insurgés réclament de nouvelles lois moins cruelles pour eux ; cela, c'est ordinaire, c'est habituel. Mais ce qui est extraordinaire, c'est que dans la liste des doléances des gilets jaunes français, il y a une espèce de pierre précieuse, comme une étoile dans le ciel, qui s'appelle le référendum d'initiative citoyenne (RIC).

Pourquoi le RIC est-il si précieux ?

Le RIC est précieux parce qu'il n'est pas du tout législatif, mais constituant : il ne s'agit pas de dire « voilà une loi que nous voulons », il s'agit de dire « voilà comment nous voulons écrire les lois, nous-mêmes ». C'est extrêmement subversif – imparable et universel. C'est radicalement démocratique.

Exemplaires, ils font du RIC en toutes matières une priorité

Quand j'ai vu le RIC dans la liste des doléances des GJ, j'ai évidemment repéré que c'était quelque chose de très important. Cette ligne-là est tout à fait différente : si on obtient ça, on aura tout le reste, et même beaucoup plus encore, et durablement. Nous aurons les moyens de voter nous-mêmes les lois que nous trouverons importantes. Ce point mérite donc d'en faire une priorité parce que, si on demande quarante choses différentes, même si nous sommes très nombreux, la force exercée sur chaque doléance sera faible. Et il suffira aux élus de nous accorder deux ou trois de ces requêtes pour se débarrasser de nous et nous faire rentrer à la maison. Au lieu de cela, si nous transformons ces quarante requêtes en deux requêtes, une sur le référendum d'initiative citoyenne qui nous donnera accès à tout le reste, et une deuxième portant sur un aspect financier bien ciblé (pour que les plus pauvres cessent tout de suite de tant souffrir), si on concentre nos efforts, on aura beaucoup plus de force pour accéder carrément à la souveraineté populaire, au lieu de n'obtenir que des miettes comme d'habitude. C'est ce qu'ils ont fait.

Et donc, l'idée des gilets jaunes, c'est non seulement de repérer le RIC dans leur liste de doléances, mais en plus d'en faire une priorité. Puis, tous les gilets jaunes et, j'espère, bientôt les *non gilets jaunes*, pousseront tous ensemble deux requêtes décisives pour que cesse la misère des pauvres et pour qu'advienne enfin la puissance populaire avec un vrai RIC, pour perforer le système de domination.

C'est très spectaculaire qu'ils soient arrivés à faire ça. Ils sont déjà en train de se concentrer sur le RIC, c'est tout à fait magnifique : les gilets jaunes ont compris à toute vitesse cette idée et elle se répand très, très vite.

Exemplaires, les gilets jaunes savent qu'ils doivent apprendre à instituer eux-mêmes leur puissance

Les gilets jaunes découvrent ce fait essentiel : si nous n'avons pas le RIC, ce n'est pas parce que c'est impossible, c'est parce que ceux qui écrivent les constitutions ont un intérêt personnel à ce que nous ne l'ayons pas. Nos maîtres, nos élus, ne veulent pas que nous ayons le RIC et ils ne le voudront jamais. Ils veulent tout décider et la solution ne viendra pas d'eux.

Les gilets jaunes sont déjà en train de faire des ateliers constituants pour écrire eux-mêmes les règles d'un vrai RIC. Cette préparation à un processus constituant populaire est un deuxième point tout à fait historique (le premier point est la volonté farouche de rester unitaire). Les #GiletsJaunesConstituants se passent le mot entre eux, ils savent que les riches et les élus mentent quand ils disent qu'ils vont leur donner un RIC, alors qu'ils vont leur donner un faux RIC. Les gilets jaunes, pas dupes, sont en train d'écrire le RIC qu'ils veulent, c'est-à-dire *en toutes matières, sans garde-fous, sans limites, sans interdits*. Avec ce vrai RIC, on pourra imposer une loi, abroger une loi ou un traité, révoquer un acteur politique – n'importe quel acteur politique, élu magistrat ou haut fonctionnaire —, et puis modifier la Constitution elle-même, *si nous le jugeons utile*. Hé ! C'est la souveraineté, ça ! J'ai pas rêvé ?

Il ne faut surtout pas que le Conseil constitutionnel puisse se mettre en travers de la souveraineté populaire. On rappelle que cet organe hors contrôle citoyen est composé d'une bande de vieux oligarques corrompus jusqu'à la moelle, qu'il reçoit les multinationales en secret (cf. le scandale des « portes étroites ») et qu'il bloque désormais toutes les lois d'intérêt général contre les cartels. Il n'est pas question qu'un Conseil constitutionnel, composé de qui que ce soit, entrave la souveraineté populaire. Celui-ci n'a aucune légitimité politique : il a été imposé par une anti-Constitution qui a été votée sous la menace militaire d'un coup d'État. Je rappelle que, quand de Gaulle a fait voter la Ve République, c'était sous une menace de putsch militaire qui prenait forme en Corse. En plus, tous ceux qui ont écrit et accepté cette anti-constitution sont aujourd'hui morts, ou presque. Il est inacceptable que les morts gouvernent les vivants. Condorcet disait très bien : « Une génération ne peut pas assujettir à ses lois les générations futures ». L'institution du Conseil constitutionnel, par sa composition même, est illégitime. Ça peut faire l'objet d'un débat, mais je peux vous dire que ce sont des discussions qui circulent chez les gilets jaunes.

Il ne faut pas non plus, évidemment, que les médias soient, comme aujourd'hui, contrôlés par neuf milliardaires : en démocratie, l'opinion des citoyens doit être éclairée complètement et honnêtement avant de voter. L'appropriation de tous les journaux du pays permet aux plus riches d'intoxiquer l'opinion et de conduire les citoyens, mal informés, à voter *contre* leurs propres intérêts. Donc, un vrai RIC dans la situation médiatique actuelle serait carrément dangereux. D'où la rédaction par les gilets jaunes d'articles du RIC établissant *l'indépendance de tous les médias d'information : journaux, télévisions, radios, agences de presse, instituts de sondage et instituts de statistiques.* Voir l'exemple dans l'encadré ci-après.

On a repéré deux techniques (mais il y en a sûrement d'autres, appel à la population) pour rendre les journalistes indépendants : soit on les rend personnellement propriétaires de leur média et on interdit à quiconque d'acheter un média ; soit on fait des journalistes des fonctionnaires indépendants de tous les pouvoirs, comme le sont les juges – mais en mieux parce que, si c'est nous qui écrivons ces articles, nous allons mieux séparer les pouvoirs et prévoir des *Chambres de contrôle tirées au sort* pour évaluer l'action (et engager la responsabilité) aussi bien des juges que des journalistes qui abuseraient de leur pouvoir.

Pour comprendre avec un exemple concret ce sur quoi travaillent les gilets jaunes avec le RIC, et l'ampleur de la puissance politique qu'ils veulent se donner, voici un des chantiers travaillés sur les ronds-points :

Dans la constitution actuellement :

- 2 référendums à l'initiative du Président ou du Parlement.
- Rien à l'initiative du peuple.

Exemplaires propositions de modification de la Constitution :

- Un seul référendum, d'initiative populaire (RIC), en toutes matières (ETM) et écrit par nous-mêmes (EPNM)

> **Article 3 actuel :**
>
> La souveraineté nationale appartient au peuple qui l'exerce par ses représentants et par la voie du référendum.

> **Article 3 proposé :**
>
> La souveraineté nationale appartient au peuple qui l'exerce par ses représentants et par la voie du référendum **d'initiative citoyenne, en toutes matières y compris constitutionnelle et de ratification des traités ; cet article ne peut être modifié que par voie référendaire.**

Article 11 actuel :

[Entrée en vigueur dans les conditions fixées par les lois et lois organiques nécessaires à leur application (article 46-I de la loi constitutionnelle n° 2008-724 du 23 juillet 2008)] Le Président de la République, sur proposition du Gouvernement pendant la durée des sessions ou sur proposition conjointe des deux Assemblées, publiées au Journal Officiel, peut soumettre au référendum tout projet de loi portant sur l'organisation des pouvoirs publics, sur des réformes relatives à la politique économique, sociale ou environnementale de la nation et aux services publics qui y concourent, ou tendant à autoriser la ratification d'un traité qui, sans être contraire à la Constitution, aurait des incidences sur le fonctionnement des institutions.

Lorsque le référendum est organisé sur proposition du Gouvernement, celui-ci fait, devant chaque assemblée, une déclaration qui est suivie d'un débat.

Un référendum portant sur un objet mentionné au premier alinéa peut être organisé <u>à l'initiative d'un cinquième des membres du Parlement</u>, soutenue par un dixième des électeurs inscrits sur les listes électorales. Cette initiative prend la forme d'une proposition de loi et ne peut avoir pour objet l'abrogation d'une disposition législative promulguée depuis moins d'un an.

Les conditions de sa présentation et celles dans lesquelles le Conseil constitutionnel contrôle le respect des dispositions de l'alinéa précédent sont déterminées par une loi organique.

Si la proposition de loi n'a pas été examinée par les deux assemblées dans un délai fixé par la loi organique, le Président de la République la soumet au référendum.

Lorsque la proposition de loi n'est pas adoptée par le peuple français, aucune nouvelle proposition de référendum portant sur le même sujet ne peut être présentée avant l'expiration d'un délai de deux ans suivant la date du scrutin.

Lorsque le référendum a conclu à l'adoption du projet ou de la proposition de loi, le Président de la République promulgue la loi dans les quinze jours qui suivent la proclamation des résultats de la consultation.

Article 11 supprimé et remplacé par :

Article 11 proposé :
MODALITÉS PRATIQUES du RIC :
SEUILS DE DÉCLENCHEMENT :

• **La Chambre des référendums** (tirée au sort) organise le planning des référendums et contrôle les débats contradictoires (la mise en scène des conflits) avant tout référendum, sur le site des référendums et sur la télévision des référendums, pour éclairer l'opinion pendant au moins 6 mois avant le vote. Quatre fêtes des référendums sont organisées chaque année, jours fériés, chômés et payés.

• **Toute initiative collective** regroupant l'appui de 1 % des inscrits (400 000 électeurs) [ou 0,5 %] entraîne son inscription automatique (sans filtre) sur le calendrier des référendums, au moins 6 mois plus tard.

• **Initiative individuelle filtrée par la Chambre** : un citoyen seul peut présenter une initiative devant la Chambre des référendums, qui lui doit une heure d'audience (ou davantage si la Chambre le juge nécessaire) pour expliquer son idée. Cette Chambre décide alors soit de rejeter l'initiative individuelle, soit de l'inscrire au calendrier des référendums.

• **Initiative individuelle par cercles croissants** : tout citoyen peut, par ses propres moyens, consulter ses concitoyens.

- Si l'échantillon consulté (plus de 1 000 personnes sur une même localité, village, rue…) est favorable à l'initiative, la municipalité ou les municipalités des citoyens consultés doivent organiser rapidement un référendum municipal.

- Si le référendum municipal est favorable à l'initiative, le département dont dépend la municipalité doit organiser rapidement un référendum départemental.

- Si le référendum départemental est favorable à l'initiative, la nation doit organiser un référendum national.

- Tout résultat défavorable avant d'atteindre l'échelle nationale met fin à la progression de l'initiative.

DÉLAIS ET ORGANISATION DE DÉBATS CONTRADICTOIRES
pour éclairer l'opinion avant le vote :

Tout référendum doit être précédé d'une période pouvant aller de **3 mois à 2 ans de débats contradictoires** complets, pour éclairer l'opinion. La Chambre des référendums est chargée de l'organisation et du contrôle de la qualité de ces débats.

L'opinion des citoyens doit être honnêtement et complètement éclairée en toute circonstance. Dans ce but, **tous les médias du pays (journaux, radios, télévisions, agences de presse, instituts de sondage et de statistiques) doivent appartenir à leurs journalistes et employés du moment. Aucune personne, physique ou morale, ne peut acheter un média quel qu'il soit.** Les actuels propriétaires des médias doivent les céder gratuitement à leurs employés. La Chambre des médias (tirée au sort) veille à l'application de ces règles.

FORCE CONTRAIGNANTE AUTOMATIQUE ET ABSENCE
D'« ORGANES DE CONTRÔLE »
(aucun barrage possible d'une « Cour suprême »
ou d'un « Conseil constitutionnel ») :

• Une fois l'initiative populaire votée à la majorité, **la Chambre des référendums contrôle l'honnêteté des scrutins et doit déclarer la décision prise, sans qu'aucun organe ne puisse s'opposer à la volonté populaire.**

• **Une décision prise par RIC est supérieure à toute autre norme : règlements, lois, constitution ou traités ; en France, pays des hommes libres, le peuple est souverain, vraiment.**

Source : http://etienne.chouard.free.fr

C'est un chantier et vous êtes invité, personnellement, lecteur, à le corriger, à le compléter… Mais attention, vous allez devenir constituant et donc un adulte politique. Je ne garantis pas que vous reviendrez jamais à votre état antérieur.

Une requête financière substantielle
pour ceux qui crèvent de faim

Pour ce qui concerne la deuxième revendication (financière), les gilets jaunes ont d'abord demandé une augmentation du salaire minimum, mais ils ont vite compris que cette mesure aurait l'inconvénient de coulermettre en grande difficulté de nombreuses très petites entreprises, qui ne peuvent pas supporter une augmentation du SMIC à 1 300 ou 1 500 euros. Ils ont donc transformé leur requête. Le problème à régler est qu'il y a des gens qui sont dans une situation très cruelle et qui ont faim aujourd'hui. Il y a donc une urgence sociale, et pour que les gens cessent d'avoir faim, on peut augmenter les revenus (idée du SMIC augmenté), mais on peut aussi diminuer de moitié le prix de tous les produits de première nécessité, qui constituent 100 % de leur panier. L'idée, alors, c'est que les gilets jaunes établissent une liste des produits de première nécessité : les produits alimentaires, les produits vestimentaires, les produits sanitaires, les médicaments, les produits du le logement, les produits de l'énergie, l'électricité, de quoi se chauffer, etc. et ne demander que la baisse importante de leurs prix, mais de façon inflexible. Il faut demander que l'État supprime sur ces produits toutes les taxes et tous les impôts éventuels et, comme ça ne suffira pas pour baisser beaucoup les prix, il faut aussi demander que l'État *subventionne* les prix pour, finalement, les diminuer *de moitié*. Ainsi, puisque ces produits constituent la totalité du panier des pauvres gens, si on diminue ces prix de moitié, c'est comme si on avait doublé leur salaire.

Et pour chiffrer cela, il faudrait que les économistes – et pas les « économistes » employés de banque qui nous condamnent à l'austérité, mais de vrais économistes amis du peuple, comme le groupe des *Économistes atterrés* – calculent le coût global approxi-matif de la subvention de l'État appliquée à tous les produits de première nécessité. Il faut ensuite trouver les moyens de financer cette mesure, comme par exemple supprimer le CICE (crédit d'impôt pour la compétitivité et l'emploi) pour récupérer déjà 40 milliards par an de cadeaux inutiles faits aux riches. C'est facile de trouver les quelques milliards qui vont être nécessaires pour permettre aux pauvres de moins souffrir.

Un mouvement évolutionnaire
plutôt que révolutionnaire

Il est donc question d'instituer la souveraineté populaire, la vraie, sans chaînes oligarchiques, et c'est tout à fait révolutionnaire. C'est même davantage que *révolutionnaire* parce que faire une révolution, c'est faire un tour complet, donc on revient au point de départ et en fait, on a seulement changé de maîtres, la plupart du temps. La plupart des révolutions ne débouchent pas sur une émancipation. Il s'agit donc plutôt d'*évolution* que de *révolution*, et d'une vraie évolution, majeure dans l'histoire de l'humanité : les humains, donc les gilets jaunes constituants et bientôt les autres, ceux qui les regardent et qui voient que ça marche, sont en train de se trouver un combat commun et c'est précisément ça qui manque à l'humanité depuis la nuit des temps : une cause commune, c'est-à-dire qui dépasse les clivages actuels : « Nous voulons instituer nous-mêmes la puissance politique qui nous manque. »

**Dans un peuple devenu constituant, donc vigilant,
il n'y a plus de place pour les tyrans.**

Du même auteur

Écrire la constitution, cahier d'exercicesdes Gilets Jaunes Constituants, Éditions Talma Studios, 2019

Les liens

**Pour continuer à travailler,
vous trouverez de nombreuses ressources sur Internet,
et je vous conseille notamment :**

http://etienne.chouard.free.fr/Europe/precieuses_pepites.pdf
http://wiki.gentilsvirus.org/index.php/Accueil
http://lavraiedemocratie.fr/
https://www.article3.fr/
http://www.le-message.org/

Table des matières

Du même auteur

Les liens

9 782315 008827